子どもの見ている世界

誕生から6歳までの「子育て・親育ち」

内田伸子
Nobuko Uchida

春秋社

子どもの見ている世界――誕生から6歳までの「子育て・親育ち」　目次

Chapter 1

乳児期——世界づくりの開始　3
「泣く」のは赤ちゃんのことば　3
人の声に敏感——はじめに出会う世界　9
まねっこ上手——共鳴動作　12
赤ちゃんの運動——発声とキック動作の同期　15
ママに抱かれるときとパパに抱かれるとき——感情の出現　16
ハイハイが始まるまで——探索行動と運動能力の発達　18
つかまり立ちから初めてのアンヨ——劇的な変化のはじまり　21

Chapter 2

個性の芽生え——「物語型」と「図鑑型」　25
気質は赤ちゃんのころから変わらない　26
男の子は「図鑑型」・女の子は「物語型」が多い——脳の性差　31

子どもの個性を大切に――みんなちがってみんないい　36

Chapter 3

イメージの誕生――認知革命　41

「第一次認知革命」――0歳10カ月　42
いたずらは好奇心　45
イヤイヤ期は最初の自己アピール　49
「待つ」ことを伝えるチャンス　52
「第二次認知革命」――5歳半ごろ　55
男の子と女の子のちがい　56
葛藤する4歳　58
物事のルールがわかる5歳　60
「忘れん坊」は脳のネットワークが成長中　62
「ひとりごと」で「心のことば」が育つ　63
「第三次認知革命」――9～10歳ごろ　64

Chapter 4

ことばの不思議――子どもが世界とつながるとき 69

遊びからはじまることば 70
意味のあることばの始まり 73
子どもは詩人で発明家！ 75
ことばの意味はどんどん広がる――「ニャンニャン」が「ことば」になるまで 81

Chapter 5

絵本の読み聞かせ――心に栄養をとどけるいとなみ 91

絵本との出会い 94
絵本を媒介にして学ぶもの 96
クシュラの奇跡 98
絵本からの贈り物――生きる力が与えられる 101

Chapter 6

子どもを取り巻く新たな問題――スマホに子守をさせないで　107
スマホに子守をさせないで　108
テレビとのつき合いかた　110
映像メディアの理解に必要な視聴技能　112
早期教育用DVDの弊害　113
子どもの理解には生活体験が不可欠　116
映像メディアの強みを生かす　118
共同視聴のススメ　119

Chapter 7

遊びで広がる想像のつばさ――毎日が「発想」の実験日！　123
まわりのもの、すべてがおもちゃ　125
お気に入りの遊びで「集中力」がつく　127
子ども同士の遊びは「社会体験」　128
遊びの中で「論理的思考力」が育まれる　130

Chapter 8
想像力は「生きる力」――見えない未来を思いえがく 135
想像力は「生きる力」を与えてくれる 136
経験が豊かであるほど想像世界が豊かになる 138
暗記能力は「収束的思考」・想像力は「拡散的思考」 139
語りの力の発達――談話文法の獲得 141
日本語談話の構造はカットバックが苦手 146
「可逆的な操作」は何歳から使えるか? 148
子どもの想像力をのばすために 154

Chapter 9
英会話塾は効果があるの?――ことばは子どもの未来を拓く 157
0歳からの英語教育? 158
早くから外国語にふれたからといって… 160
英会話塾通いは英語学力とは関係ない 162
ことばを覚えることは文化を知ること 164

外国語を学ぶタイミング＝「適時」 166
第二言語は母語が土台になる 169
二言語相互依存説（氷山説） 172
第二言語の習得への母語の影響 174
母語の土台をしっかり築く——ことばは子どもの未来を拓く 177

Chapter 10

お母さんあせらないで——将来の学力はいつ決まる？ 183
日本の子どもの学力の課題 184
学力格差はいつから始まる？ 185
体操教室に通っている子どもは運動が嫌い？ 188
子ども中心の保育（自由保育）で子どもが伸びる 190
しつけが語彙の豊かさに影響する 192

Chapter 11

子育てに「もう遅い」はありません　195

親子の会話をのぞいてみると…　196
快感情が自尊心を育てる　200
幼児期のしつけは学力まで左右する　201
どの子も伸びる共有型しつけのススメ　203
お母さんもいっしょに大きくなあれ　207

あとがき　215

子どもの見ている世界——誕生から6歳までの「子育て・親育ち」

Chapter 1

乳児期——世界づくりの開始

アンギャ〜、ホギャ〜

「泣く」のは赤ちゃんのことば

赤ちゃんが泣いています。空腹のとき、おしめが濡れているとき、寒いとき、暑いとき、気分が悪いとき……。赤ちゃんはありったけの力で泣いてお母さんを呼びます。あの小さなからだのどこにこれだけのエネルギーが秘められているのだろうと不思議になるくらい、赤ちゃんは力いっぱい泣きます。

特に理由もないのに泣くのも、よくあることです。おなかがすいて泣いているならおっぱいを飲めば解決しますが、お母さんにとって困るのは、理由もないのに泣き止まないことです。おっぱいをあげても、おしめを替えても、だっこしてやさしくなだめても、何をしても泣き止まず、どうしていいかわからない！　わが子の誕生という幸せのただ中にいる親を困惑させるシーンは、生まれてすぐにやってきます。

なぜ、赤ちゃんは泣くのでしょう？

この疑問の背景を、少し大きな視点で眺めてみたいと思います。

人間の赤ちゃんにかぎらず、地球上のあらゆる生き物に共通するのは、それぞれの種が子をつくり、子が育っていくのに必要な生物学的な仕組みを備えて生まれてくるということです。チョウの幼虫はまず自分を包んでいた卵の殻をたいらげると、卵が生みつけられていた葉っぱを食べはじめます。馬の赤ちゃんはすぐに自力で立ち上がると母親のお乳を探して吸いつきます。では、人間の赤ちゃんはというと……もちろん生まれつき備わっている有能な力がたくさんありますが、生まれてすぐに食べ物を探したり立ち上がったりできるほかの生き物に比べると、ひとりでは何もできない弱い存在でもあるようです。

人間にもっとも近い霊長類のチンパンジーを見ても、生まれた直後から感覚器官ができあがっていて、自力で移動することも、母親にしがみつくこともできます。しかし、人間の赤ちゃんは、最初は目もよく見えず、自分の頭さえ支える力もなく、お母さんの乳首に吸いつきお乳を飲めるようになるにも数日かかります。自分の力では何もできないのが、人間の赤ちゃんなのです。

なぜ、人間は、無力で無防備な状態で生まれてくるのでしょうか？

その謎を太古にさかのぼり、脳と二足歩行の関係から考えていきましょう。

人間は知的に高度な発達を遂げ、今日の繁栄を築き上げました。そのような人間の知性を支えているのが、大きな脳です。そして、脳を大きく発達させるために鍵となったのが、直立二足歩行です。直立歩行は、脳の拡大と身体の構造の変化をもたらしました。

まず、立ち上がることで視野が広がります。そして首を回せば３６０度を見渡せるようになり、四方八方の刺激を取り込めるようになります。手が自由になり、ものをつかんだり、道具を扱うことができるようになります。そういった自由さが、脳にも影響を与え、上手にものを扱うためのコントロール機能が加わります。こうして環境からの刺激を受け、それに応じて能力を発達させることで、知能がぐんぐんと発展していったのです。

最初に二足歩行をはじめた人類の脳の重さは約５００グラムで、チンパンジーと同程度でした。しかしその後、脳は徐々に拡大し、現生人類では１４００グラムという大きさを手に入れました。そうなるまでにかかった３００万年という長い時間に比してもその進化の速度はかなりのものと考えられています。

一方で、二足歩行により、骨盤の構造も変わりました。その変化は、女性の産道を狭くすることになってしまったのです。

産道が狭くなるとお産がより困難な危険を伴うものになり、子孫を残すのに支障をきたしてしまいます。そこで人間の身体は、別の解決策を用意しました。

それが、本来ならあと1年くらいはおなかの中で育つべきところを、赤ちゃんの頭があまり大きくなりすぎないうちに出産してしまうという「生理的早産」という方法です。これは人間に特有の出産方法で、大きな脳をもつ赤ちゃんを狭い産道から産むという進化の矛盾を解決するための知恵ですが、それ以上の意味をもっていると考えられています。

生物的に早産の状態で生まれてくるということは、身近な大人の世話が必須になります。生まれたばかりの赤ちゃんは、自分で立つことはもちろん、お乳を探すこともできません。生きていくためには、まわりの手助けが必要で、そのことはコミュニケーションの必要性をもたらしたのです。

赤ちゃんは自分の本能的な欲求をまわりの人に知らせなければなりませんし、まわりの人も、赤ちゃんの出すサインにこたえてあげなければなりません。ここに人間の赤ちゃんと母親との間のコミュニケーションの、他の種には見られない特別な必要性が生まれることになったのではないかと考えられます。

二足歩行に端を発した脳の拡大が、生理的早産という出産方法をもたらし、母子間の心理的な絆（愛着）を通じてコミュニケーションを発生させたというわけです。

赤ちゃんはさまざまな能力を生まれつき備えていますが、このような背景を念頭に話を「泣く」ことに戻すと、「泣く」のは赤ちゃんにとって立派な「ことば」でもあると思えてきますね。

昔は、夜泣きばかりしている赤ちゃんは、「疳《かん》の虫」がついているといわれていました。誰のせいでもなく、虫のせいだというのは、おもしろい発想ですね。

赤ちゃんが不安で泣いていることも多いものです。不安を感じている場合に有効なのは、やはりお母さんの存在です。生まれる前からおなかの中でお母さんの声を聞いているので、お母さんの声を聞くと安心できます。「よしよし、いい子ね」とやさしくからだをなでながら、やさしいことばをかけてあげるとよいでしょう。お母さんの姿を見て、お母さんの声であやしてもらうと赤ちゃんは満足し、やがて眠りにつくでしょう。決して「もう、なんで泣くの？　静かにして！」などと声を荒げないでください。親のイライラが赤ちゃんに伝わると、赤ちゃんは緊張してますます泣いてしまうでしょう。

もうひとつ、泣くというのは、赤ちゃんにとって「運動」でもあるととらえてみてくださ

い。一日中泣き続けられる赤ちゃんはいません。やがて眠りにつきます。

寝てほしい、静かにしてほしい、自分も休みたい……という親側の事情に反して夜泣きが続くと、寝不足や疲れも重なるので、物事をネガティブにとらえてしまいがちです。でも、泣くという「ことば」と「運動」を通してわが子が大きく成長しようとしている姿だと考えてみたら、少しは気持ちも楽になるのではないでしょうか。

……このような子どもを取り巻く世界の背景を発達心理学の視点でとらえながら、ある家族の日常を切り取って紹介していきましょう。

人の声に敏感——はじめに出会う世界

〔なんだかまぶしいな。なんだろう？　明るいところと黒いところが見える。まるい形のものが楕円や二本の黒い線になって動くたんびに、音が聞こえてくる。あ、声が聞こえてきた。これはおなかの中で聞いてたママの声だ。なんだかなつかしいな。ママのおなかの中で安心していたころのことが浮かんでくるような感じだな〕

タッくんは３０５０グラムで生まれた元気な男の子。長い人生のスタートです。ママに抱き上げられたタッくんが目を細め、じっと見ていると、だんだんママの顔が見えてきます。でも、ママの顔の背景はぼんやりとしか見えません。

誕生したての赤ちゃんの視力は０・０２。顔から30センチくらいの範囲までしか見えず、ママの顔のパーツなどはあまり見分けられません。でも、赤ちゃんが近眼であるのは、かえってとても都合がよいことなのです。なぜなら視力の発達にあわせて、視覚情報に刺激を受けた脳が、ともに発達していくからです。

また、生まれたての赤ちゃんには色彩知覚がありません。明暗のコントラストでものを見分けているのです。ここでは、タッくんは目を細めて、コントラストが強い、ママの髪の生え際や目のあたりをじっと見つめようとしています。ママは、自分のことを見つめてくれるとうれしくなって、「いい子ね」「かわいいね」などと声をかけます。その声かけで口が動くため、タッくんはママの口の動きに視線を走らせます。

赤ちゃんは、生まれたときから、人の姿や人の声に敏感です。ものを見ているときには、目を細め、口はしっかりと結び、対象となるものをしっかり見ようとします。物音がすると音のした方向に注意が向き、姿勢にも緊張があらわれます。

一方、人に向かっているときの赤ちゃんの表情はゆるみ、口を少し開け、おだやかにリラックスした様子です。声や音が聞こえてくると、その声にあわせて全身を波打つように同調させます。生後まもない赤ちゃんは目があまり見えませんが、そのかわり耳はおなかの中にいるころから発達しているので、声や音に敏感に反応します。

特にママの声は、おなかの中にいたときに聞こえていたくぐもった音とはちがっていますが、リズムやメロディーは同じなので、あたたかく包まれるような感覚を引き起こして安心できるのです。ママの声で赤ちゃんはおなかの中にいたころのことを思い出しているのです。

受胎して18週ごろ、赤ちゃんの脳では、聴覚神経系にネットワークができはじめます。お母さんの心臓が動く音や、血液の流れる体内の音に混じって、お母さんの声、お母さんと会話をするお父さんの声など、外部の音がお母さんの骨を通じ、羊水を伝って、赤ちゃんに届きます。18週というほんの小さな段階から、母体を通してことばを「音」として聞きはじめているわけです。

生まれたばかりの赤ちゃんが不安や空腹のために泣いていると、おなかの中で聞きなれたお母さんの〝よしよし〟という声が聞こえてきます。〝よしよし〟のあとにおっぱいをもらったり、おむつを替えてもらったりしてよい状態になることを何度か経験するうちに、子どもは〝よしよし〟という声を聞いただけで落ち着くようになります。こうして〝よしよし〟は、気持ちがよくなる合図になるのです。

赤ちゃんは、どんな音よりも、人の話し声を好みます。それも、低い男性の声よりも、女性の高い音域の声によく反応するのです。ママが赤ちゃんに話しかけるとき、自然とゆっくりとしたやさしい声かけになりますが、この「マザリーズ」(育児語)といわれる話し方も、赤ちゃんが好むものです。

このころの子どもは、ことばを、高い低いなどのピッチや全体のメロディーで聞いているようです。〝よしよし〟などのあやしことばは高いピッチでメロディーがあるために安心できる音としてとらえますが、〝だめ〟などの叱りことばはピッチが低く、メロディーもないために不安な音として響きます。そうして脳が発達するにつれて、音はしだいに「ことば」

としてとらえられるようになっていきます。

しだいに「エントレインメント」といって母親のことばのリズムにあわせて手足を動かすようになりますが、これはお母さんの母性を刺激することにもなります。子どもは生まれつき、お母さんの母性をくすぐる行動を知っているのです。

まねっこ上手——共鳴動作

「いないいないばあ！」
ママがタッくんをあやしています。
〔ママの顔が近づいてきた。バーッという声といっしょに、口から何かがのぞいている。なんだかおもしろいな〕
タッくんはママの顔と動きに釘づけ。舌が口から出ているのも、いつものママの表情とはちがって見えて、タッくんにはとても新鮮です。

ママが「いないいないばあ」と赤ちゃんをあやすと、赤ちゃんも口の中をもぞもぞさせて、ゆっくりと自分の舌を出そうとします。ママの口の動きや舌出しをまねしてからだを動かす

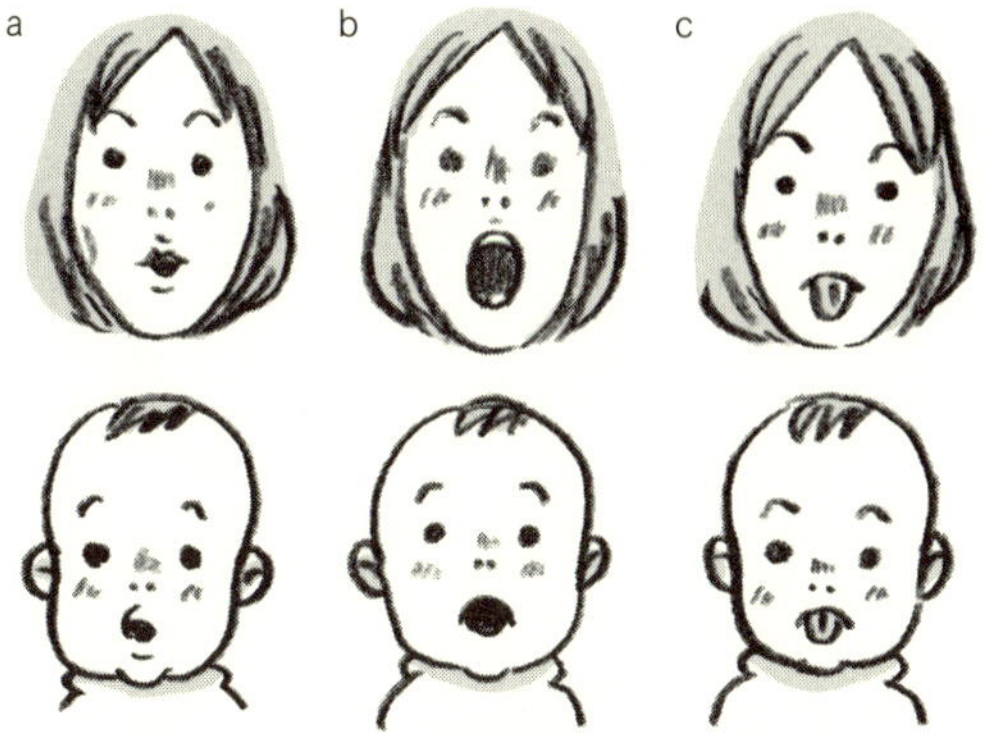

図 1-1　乳児は大人のしぐさをまねる（Meltzoff&Moore, 1977）
a. 口をすぼめて突き出す　b. 口を大きく開ける　c. 舌出し（あかんべえ）

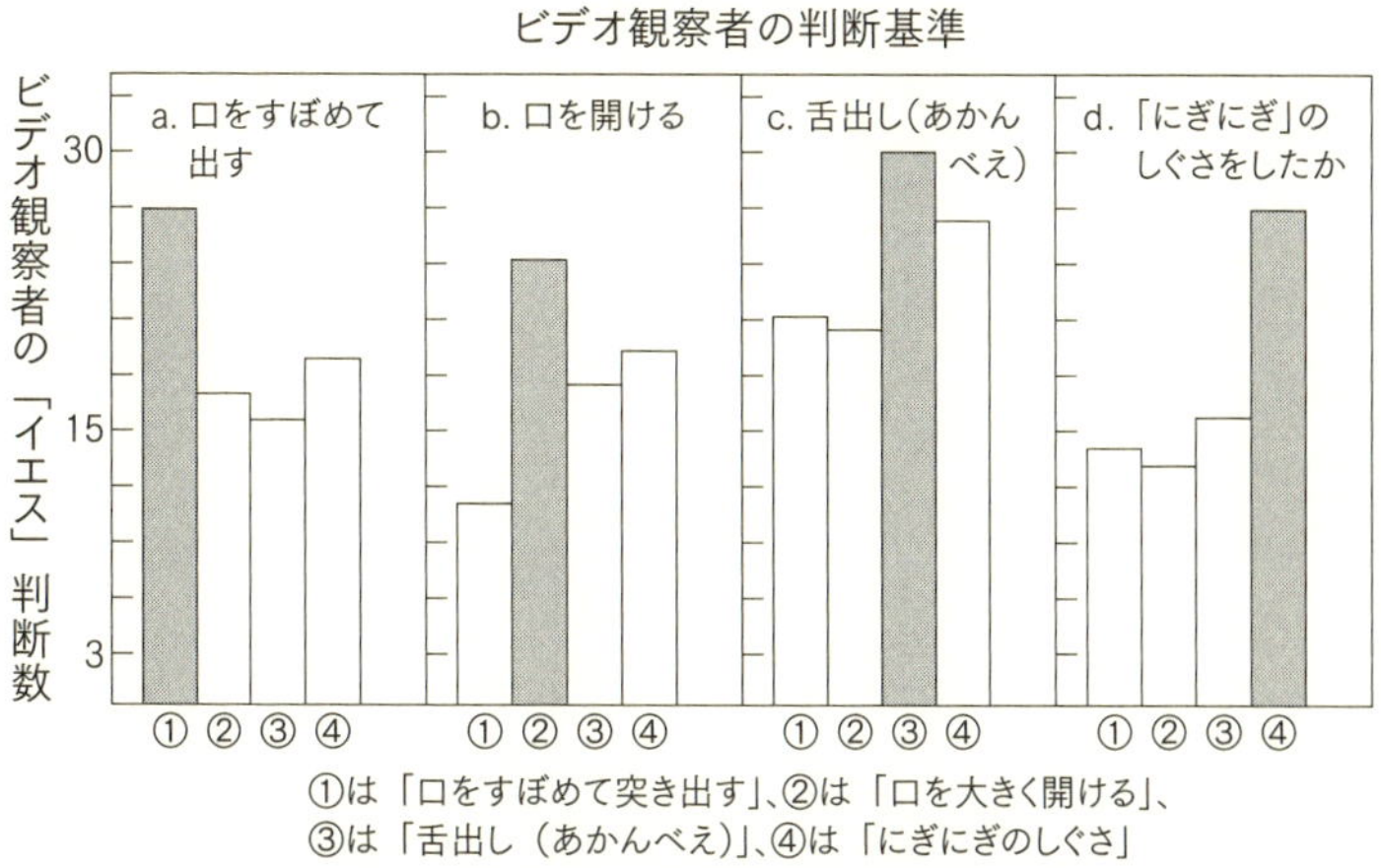

図 1-2　メルツォフらの「あかんべえ」実験の結果（Meltzoff&Moore, 1977）
1カ月未満（生後 12～21 日）の新生児を座らせて、実験者が乳児にむかって4種のしぐさを一定の間隔で繰り返しやって見せる。それに対する乳児の反応がビデオに収録され、そのビデオを実験目的を知らされていない観察者が見て、乳児の動作を分類するよう求められた。その結果、4種のどれについても、乳児は実験者が示した動作と同じ動作で回答した回数が一番多かった。

のです。このまねは反射の一種で、「共鳴動作」と呼ばれます。これは、生後5カ月過ぎになってからの「まねしよう」という意志をもった模倣行動とはちがうものです。生まれたばかりのときは、意識して舌出しをするわけではなく、ママの口の動きと舌出しの動きがうつって、思わず同じ動作をしてしまうのです（図1-1、1-2）。

そして、赤ちゃんがママと同じように舌出しをすると、ママは喜んで、一生懸命話しかけたりあやしたりします。これに伴い、ママのからだの中では授乳ホルモンのプロラクチンがどんどん分泌され、赤ちゃんにおっぱいを飲ませる準備ができます。つまり、赤ちゃんが反射的にママと同じ表情や動作をすることで、ママの母性が刺激され、授乳の準備が始まるのです。

赤ちゃんは、他人を理解し同調し、他人と心を通わせる仕組みをもって生まれてきます。人間以外の哺乳動物、たとえば、馬や牛、イルカやクジラなどは、誕生直後から母親のお乳のありかを探してお乳を飲むことができますが、人間の赤ちゃんは、自分では動けません。ママに世話してもらわないとお乳を飲むことができないのです。共鳴動作は、ママの授乳行動や世話をしたくなるような気分を誘う合図として役立っているのです。親子の目の交わし合いや表情の共鳴は、コミュニケーションの始まりを告げる行動です。

赤ちゃんの運動――発声とキック動作の同期

〔おっぱいを飲んで、いい気分。うれしいな。なんだか力がわいてくる。あれ？　なにかが動いてる……〕
「アッアッアーッ！　アッアッアーッ」
タッくんは、足で宙をキックしながら、頭の上でくるくる回るモビールを見上げて、ご機嫌です。

生後2、3カ月の赤ちゃんは、天井からさがったモビールが動くのを見てからだ全体で喜びをあらわします。声も出はじめ、声といっしょに両手を振り回し、キック動作が起こります。

生後2、3カ月ごろから、呼吸にあわせて偶然、声が出るようになります。「クーイング」（吸管音）と呼ばれ、「クークー」「キュッ」などの音に聞こえます。このころになると、まわりのものの動きや変化にあわせて声が出たり、キック動作が起こります。動きに誘発されて赤ちゃんは全身運動を始めるのです（このことは4章でもくわしく取り上げます）。

ベビーベッドに寝かされている赤ちゃんは、目が覚めているときは次の発達のステップに備えるかのように全身運動をおこない、やがて、抱き上げたときに首がしっかりとして頭を支えることができるようになるのです。

ママに抱かれるときとパパに抱かれるとき――感情の出現

ママに抱かれて気持ちがいいタッくん。

〔ああきもちいい。おっぱいのにおいもする。なんだかねむくなってきた……〕

やがてまぶたが閉じていきます。全身の筋肉がゆるむに伴い、表情も眠り顔になり、口元には「3カ月微笑」と呼ばれるようなほほ笑みを浮かべてスヤスヤと眠ってしまいます。

目が覚めていてご機嫌なときは、タッくんは「パパ、遊んでよ」というように、目をぱっちり開けて話しかけるような表情でパパを見つめます。

ママに抱き上げられると、タッくんは甘いおっぱいの香りに包まれて安心して眠くなります。唇はやわらかく結んで、目は細くなり、いつの間にか眠ってしまいます。ママは赤ちゃんを胸にすっぽりと抱えて、ふんわりと包むように抱き上げます。ママのからだは男性に比べ皮下脂肪がついているのでクッションのようにやわらかくあたたかく、赤ちゃんは安心感に包まれるのです。

パパに抱き上げられたときはどうでしょう。赤ちゃんは、パパのがっちりした腕の中で手足を自由に動かします。目をぱっちり開き、口を開けると自然に声が出てきて、パパに「遊ぼうよ」と誘いかけるような顔をします。パパのからだは筋肉質で手のひらも大きく骨太です。赤ちゃんは皮膚を適度に押されて刺激されるために目が覚めます。パパの顔を見上げ、パパといっしょに遊びたいというような表情になります。

ところで、赤ちゃんの感情はどのように発達するのでしょう。じつは、ほほ笑んだり渋い顔をしたりといった、いろいろな表情があらわれていても、生後まもない時期には、赤ちゃんはその表情がもつ意味を理解しているわけではありません。たとえ表情が笑顔でも、赤ちゃん自身が「うれしい」とはかぎらないのです。

発達心理学者の氏家達夫さんによると、まず、3カ月ごろまでに「喜び」が発達します。3カ月よりも前にも笑ったりすることがありますが、これは生理的微笑といって単なる反応にすぎません。3カ月を境にして、まわりからの働きかけに反応して喜ぶことができるようになります。

「悲しみ」も、3カ月ごろまでに生まれます。「怒り」は4〜6カ月ごろに発達し、「驚き」は6カ月ごろから見られるようになります。6〜8カ月になると、「恐れ」の気持ちも出てきます。

このように、赤ちゃんの喜怒哀楽などの感情（心理学の言葉では「情動」と呼びます）は、生まれながらに完成しているのではなく、段階をへて発達していくものなのです。

ハイハイが始まるまで——探索行動と運動能力の発達

ハイハイができるようになったタッくん。急に動ける範囲が広がって、好奇心はむくむくとふくらむばかりです。

〔これはなに?〕

部屋の中をハイハイで移動しているときに何かが手にふれました。タッくんはそのものをつかんで口にもっていき、しきりになめたり口に入れようとしたりします。

生後3～4カ月ごろに首が座ると、寝返りを打とうとするようになります。手を動かして離れたところにあるおもちゃのボールやガラガラを取ろうしたり、つかんだものを口に入れたりします。音の出るガラガラを何度も振って音を楽しんでいるようにも見えます。

生後4カ月ごろから寝返りが始まり、しきりに全身を動かすようになります。運動能力が育っていくことがわかるでしょう。

生後6カ月ごろからハイハイが始まると、それまでは仰向けの状態で寝ているばかりでしたが、しだいに目標めがけてハイハイで接近するようになります。ハイハイの途中でものを見つけたときには、つかんで転がしてみたり、手でゴシゴシさわったり、口にもっていってなめてみたりします。この時期の五感(感覚)の発達は著しく、五官(目や耳、手足などの感覚器官)を働かせて乳児は環境を知ろうとします。なんでもなめてみるのは、舌が敏感で感触を確かめるのに都合がよいためです。

自分で動くことができるので、一気に世界が広がっていきます。まだ動ける範囲は限られていますが、身のまわりの興味のあるものにふれようとしたり、探索行動が発達し、世界を知ろうとするかのようにさまざまなものにチャレンジする様子が見られます。「いたずら」も急に増えていくときです。

自分で移動できるようになると、身のまわりのものを覚えたり、自分がいまどこにいるのか、起こった出来事を記憶できるようになり、認識が発達していきます。

アクレドロという人がおこなった実験によると、自分で移動することが、空間認知能力と関連していることが示されました。かいつまんで説明すると、2つ並んだくぼみのうち、右側のくぼみにおもちゃを隠したのを乳児に覚えさせます。その後、2つのくぼみの反対側に移動して、おもちゃを探させます。実際の位置関係では、今まで見ていたのとは逆の「左側」におもちゃが入っています。さて、子どもはちゃんと左側を探すことができたでしょうか？　結果は、自分で反対側に移動した子どもは、正しく左側を探すことができたのに対し、母親にだっこされて移動した子どもは、場所が反対側に変わっても、それまでどおり自分から見て右側を探したのです。この実験は、空間を認知する力も移動という自分の経験に支えられているものだと教えてくれます。

このように、赤ちゃんのハイハイや、たっち（つかまり立ち）ができるようになるなどの運動面の発達は、からだだけの発達でなく、認知という脳の発達にも影響を与えているのです。

ハイハイが始まったら、赤ちゃんがどこでも移動できるように、床はきれいに片づけておきましょう。なんでも口に入れてしまうので、危ないものは手の届かないところにしまいましょう。赤ちゃんが移動する空間には、ウレタン製のラグタイルを敷くのもよいかもしれません。空間の形にあわせて敷き詰めることができます。汚れたらぬれた布巾でふき取り、除菌クリーナーで清潔を保つこともできます。また、赤ちゃんがハイハイしたときすべりにくいので好都合です。

つかまり立ちから初めてのアンヨ——劇的な変化のはじまり

ベビーベッドの柵を握りしめ、両足をふんばって真っ赤な顔。つかまり立ちが始まりました。何度か挑戦するうちにコツをつかんだタッくんは、立ち上がってソファで絵本を見ていたみぃちゃんと目が合いました。

「えらい！　タッくん立てた！」

その声に驚いたタッくん。思わず手を離したら……すってん。しりもちをついてしまいました。みぃちゃんがそばにきて、「がんばれ、がんばれ！」。またまたタッくんの挑戦が始まります。パパもママも大喜び。みなの応援で、タッくんはますますがんばります。

つかまり立ちが始まってから2週間もすると、タッくんは柵につかまらずに立てるよう

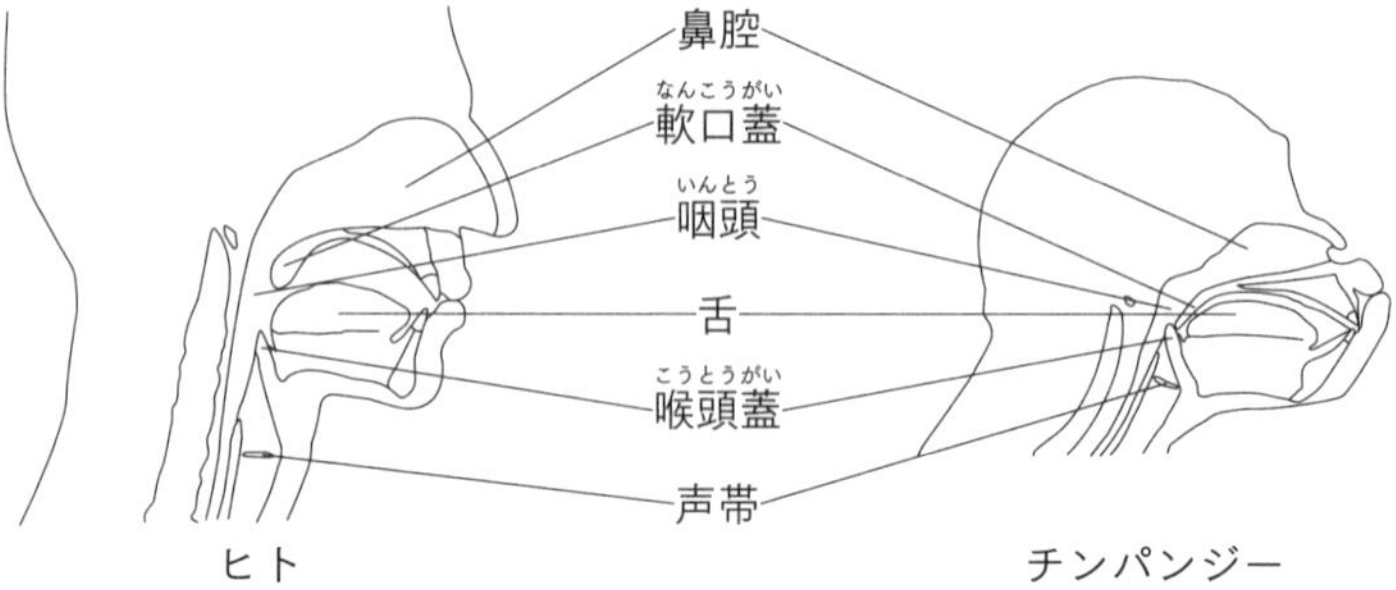

図 1-3　ヒトの成人とチンパンジーののどの形態の比較

基本的に四足歩行のチンパンジーと直立二足歩行のヒトではのどの構造が異なり、チンパンジーは舌を動かす空間が狭い。現代人の赤ちゃんも、立ち上がり、歩きはじめることで、発声に必要な器官がととのえられていく。

になりました。足をふんばって立ち上がり、1歩進んでみます。グラグラ、すってん。しりもちをつくタッくん。みぃちゃんが両手を出してそっと手を握ってくれました。また立ち上がり、1歩、2歩、前に踏み出します。みぃちゃんが手をそっと離すと、フラフラッとして、またすってん。何度も何度も挑戦です。やがて、タッくんは1歳1カ月の夏に、1歩、また1歩と、自分の足で歩きはじめました。

自分の足で歩くことは、赤ちゃんにとってとてもうれしいことです。ハイハイしていたときに足の筋肉や腰の筋肉が成長して二足歩行の準備がされていたのです。早くから歩きはじめる子も、なかなか歩き出さない子もいますが、どの子も自分の足で大地を踏みしめ、1歩、また1歩と進めるようになります。

二足歩行によって移動能力が飛躍的に伸びますが、

このとき、からだの中でもとても大事な変化が起こっているのです。立ち上がりはじめると、上あごが持ち上がり、下あごがさがって、舌を動かす空間が大きくなります。また、離乳食を食べはじめることで、舌の筋肉が発達して舌を自由に動かせるようになります。声帯の位置も下がり、舌で呼気をかきまぜ、唇を開閉させると声が出てきます。こうして、二足歩行が始まると、おっぱいを飲んでいたときとは口の形が変わっていき、発語器官ができあがっていくのです。

声帯の位置は、赤ちゃんのときを0とすると、1歳を過ぎるとそれが1にまで下がります。すると、声がよく響くようになり、変化に富んだ、いろいろな音を作りだせるようになるのです。

この時期、子どもはくり返しくり返し声を出してみます。そのうちに、ニャンニャン、ワンワンなどのことばがはっきり話せるようになっていきます。こうして歩き始めから発語器官ができあがるにつれて、子どもはいろいろなことばを話すようになります。

歩けるようになると、あちこち自由に行けるようになるばかりではなく、口や喉、鼻の構造を変え発語器官ができあがることになるのです。こうしてアンヨとともに、子どもはことばを手に入れるのです。

Chapter 2

個性の芽生え――「物語型」と「図鑑型」

ママにだっこされたタッくんがお散歩をしていると、向こうから犬が近づいてきました。それに気づいたタッくんは「あれ、なんだろう」とびっくりしました。タッくんはママの腕の中で、じっとしています。タッくんの様子に気づいたママは「ワンワンよ。ワンワンがいるね」と教えてあげました。するとタッくんは安心したように、犬を見つめました。

タッくんのこの行動を見て、ママは、みぃちゃんが赤ちゃんだったときのことを思い浮かべました。みぃちゃんはこんなときどうしただろう。たしかみぃちゃんは、ママを振り仰ぎ、「あれ、なに?」という表情でママに問い合わせたな、とママは思い出しました。

図2-1　アイボの実験
赤ちゃんは母親に問い合わせるか？

気質は赤ちゃんのころから変わらない

以前、私は研究室の大学院生の向井美穂さんと、生後10カ月の赤ちゃん80名を対象にして犬型ロボットのアイボを使った研究をしたことがあります。

プレイルームで赤ちゃんとお母さんに遊んでもらい、赤ちゃんが環境に慣れたころをみはからって、赤ちゃんが見たこともない犬型ロボットのアイボを赤ちゃんの前に置きました（図2-1）。すると、どの赤ちゃんもびっくりして、あわててお母さんのそばにハイハイで近寄りました。その後の赤ちゃんの反応は、2つに分かれました。

ひとつは、「お母さん、これ何？」という表情をしてそばにいるお母さんの顔を不安げに見上げました。この「問い合わせ」タイプの子どもは、80人中48人いました。残りの32人は、アイボに釘づけになっていました。このような赤ちゃんは「おもしろそう！」という好奇心いっぱいの表情をしていました。

その後、この子たちが1歳半になったときに、新しいデザインのアイボを使って同じ実験をふたたびおこないました。おもしろいことに、母親に問い合わせたかどうかのそれぞれの人数の比率は変わりませんでした。つまり、10カ月のときに問い合わせをした赤ちゃんは、今度もあわててお母さんのところにかけ寄り、「ワンワン？」と言いながらお母さんに問い合わせました。一方、10カ月のときに問い合わせなかった子どもは、1歳半のときも、お母さんに近寄りながらも目はアイボに釘付けになっていました。中には、おっかなびっくりアイボに近寄り、じっくり観察する子もいました。

どうやら、赤ちゃんのころから「気質」「性格」というものはある程度できているようです。子どもたちの気質の調査をしてみると、お母さんに問い合わせた子どもは人間関係に敏感なタイプ、一方、アイボをじっと見つめていた子どもは、物や物の動き・変化に関心をもつタイプだということがわかりました。

気質は父親や母親の遺伝情報を受け継ぐものですから、同じ夫婦から生まれた兄弟でもどちらの遺伝を受け継いでいるかで、気質のちがいがあらわれます。

みぃちゃんはおままごとが好きで、よく人形やママを相手に食べさせ遊びをしています。読書では生活絵本や物語を好みます。一方、タッくんは、「プラレール」や「レゴブロック」遊びが大好きで、「機関車トーマス」でもよく遊んでいます。乗り物図鑑やどうぶつ図鑑もお気に入りです。

みぃちゃんはママ似で、人に敏感なタイプ、タッくんはIT技術者のパパに似て、物や物の変化に関心をもつタイプのようです。

この実験に協力してくれた80名の子どもたちの遊びや、どんな絵本を好むかを調べたところ、母親に問い合わせた48人は、おままごとが好きで物語絵本を好むことがわかりました。一方、母親に問い合わせなかった子どもは、乗り物のおもちゃやブロック遊びが好きで、図鑑や科学絵本を好むことが確認されました。そこで私は、お母さんに問い合わせをした子どもを「物語型」、アイボに興味を引かれてじっと見つめた子どもを「図鑑型」と呼んでいます。

物語型は人間関係に敏感で、「おはよう」「こんにちは」などの挨拶や「きれいね」「おいち(し)いね」など感情を表現することばから覚えていきます。

図鑑型は物の名前をたくさん覚えるのが得意です。物や物の成り立ちや動きに興味があるので、「おっこちた」「なくなっちゃった」、救急車を見ながら「ピーポ・ピーポって言ってる」など、動詞もよく覚えます。

どちらがいい悪いという話ではなく、子どもにはそれぞれの個性があるということなのです。

子どもが気質的に難しい、いわゆる「扱いにくい子」、あるいは「健康だけどどこか変わっている子」であった場合、実際に児童期以降の問題行動につながることが示唆されています。

しかしながら、たとえ生まれつき気質的に難しい子どもであっても、好ましい環境で適切に対応していくことで、将来の問題行動を回避することができると考えられます。

◎母親は子どもの個性に合わせてことばをかけている

同じ実験で母親たちのことばかけを調べたところ、乳児の気質の特徴にあわせて自然に調整されていることがわかりました。母親は、物語型の子どもには「ワンワンよ。怖くないよ。かわいいね」とか「ワンワンよ。かわいいかわいいしてごらん」などとことばをかけていました。一方、図鑑型の子どもには、「ほら、見てごらん。ワンワンよ。○○ちゃんのもっているワンワンとはちがうけど、ワンワンよ」とか「ワンワンのしっぽ、動いているよ。おもしろいね」というように、アイボの特徴を説明してあげる母親が多かったのです。

私の教え子の大学院生は、個性のちがう小学生の兄弟2人の母親ですが、兄弟それぞれにかけることばはちがっていると話してくれました。

雨が降っているなか自転車で遊びに行こうとしている兄には、「気をつけてね。○○ちゃんがケガするとママ悲しいから」。すると、このことばを聞いた兄は、「うん。気をつけるから大丈夫」と答えるそうです。兄は、母親に似てどちらかといえば物語型で、他人の気持ちを考えて行動するタイプだそうです。一方、父親似で図鑑型の弟には、同じようなことばをかけても聞いてはくれないそうです。そこで、「今日は雨だから、急ブレーキをかけると道路の摩擦抵抗がなくなって、こけちゃうからね」と声をかけると、「わかった、気をつけて行ってくる」と答えるというのです。

母親は物語型や図鑑型といったタイプのちがいを知らなくても、どんなことばをかけると子どもが聞いてくれるかよくわかっていて、自然と子どもの個性のちがいにあわせてことばかけを調節しているのでしょう。

このように、子どもは他人の感情を手がかりにして自分の行動を調整していますが、親の側でも子どもの個性や気質にあわせてことばかけや働きかけを自然に調節している点も興味深いことですね。

男の子は「図鑑型」・女の子は「物語型」が多い——脳の性差

このアイボを使った実験では、図鑑型気質は男児に多く、物語型気質は女児に多いことも明らかになりました。

気質の性差は、知能テストの得意分野のちがいにも表れます（図2-2）。女性は言語発達が早く、発音が明瞭です。あたまに「カ」のつくことばを唱えさせる単語問題の成績がよくなります。手先も器用なので、棒をすばやく上下逆転させて隣の穴に並べるというテスト（テグボード）の成績も高く、また加減乗除の計算問題の成績も高いという結果が出ます。

一方、男性は地図を読み取るときに必要な、頭の中で図形を回転させる「心的回転課題」の成績が高く、複雑なジグソーパズルも難なく解決します。また、的に矢を当てる「ダーツ」の成績も高くなります。

女児は口が達者で、手先が器用。男児は地図を読み取ったり、平面から立体を想像したり、ボール投げが得意だったりと、男女で得意分野がちがいます。

このように得意分野に性差があるのは、脳の成熟の度合に性差があるためです。大脳皮質の各部位の働きは、誕生直後は決まっていませんが、成長するにつれてどの部位がどんな働

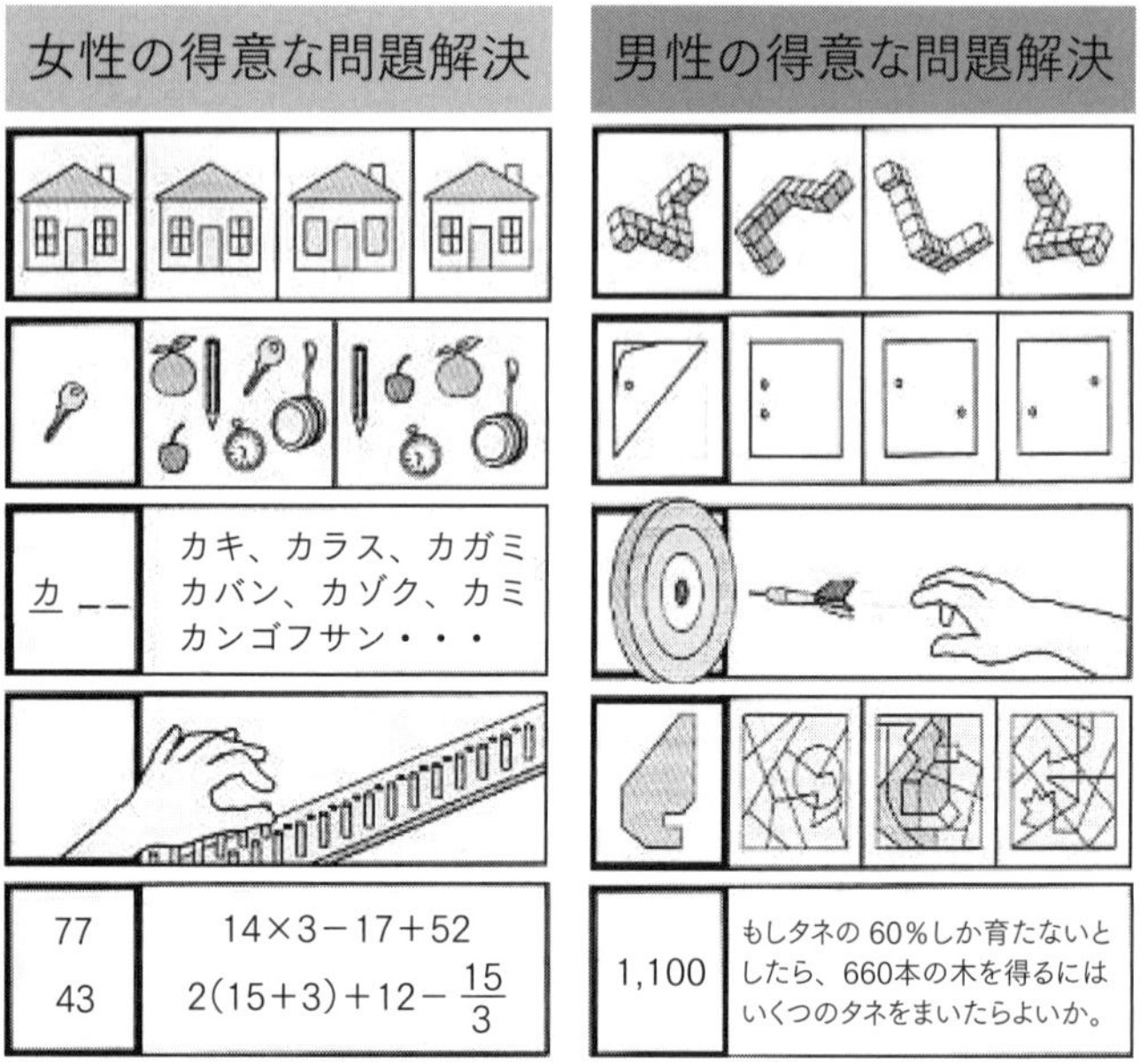

図 2−2　得意分野の性差　（別冊日経サイエンス『脳と心』、1993 より）

きを担うかが決まってくるのです。これを、脳の働きの「局在化」と呼びます。

　左脳は「理性」を司り、右脳は「感性」を司ると言われています。図2−3に示したように、左脳は、言語や計算などに使われます。信号が変わったときすぐに飛び出さず、「ちょっと待て。左右をよく見てから歩き出せ」と指令を出すのは左脳です。

　音楽を聴くとき活躍するのは右脳です。平面から立体を想像したり、知能テストの心的回転課題を解決するときにも右脳が働いています。

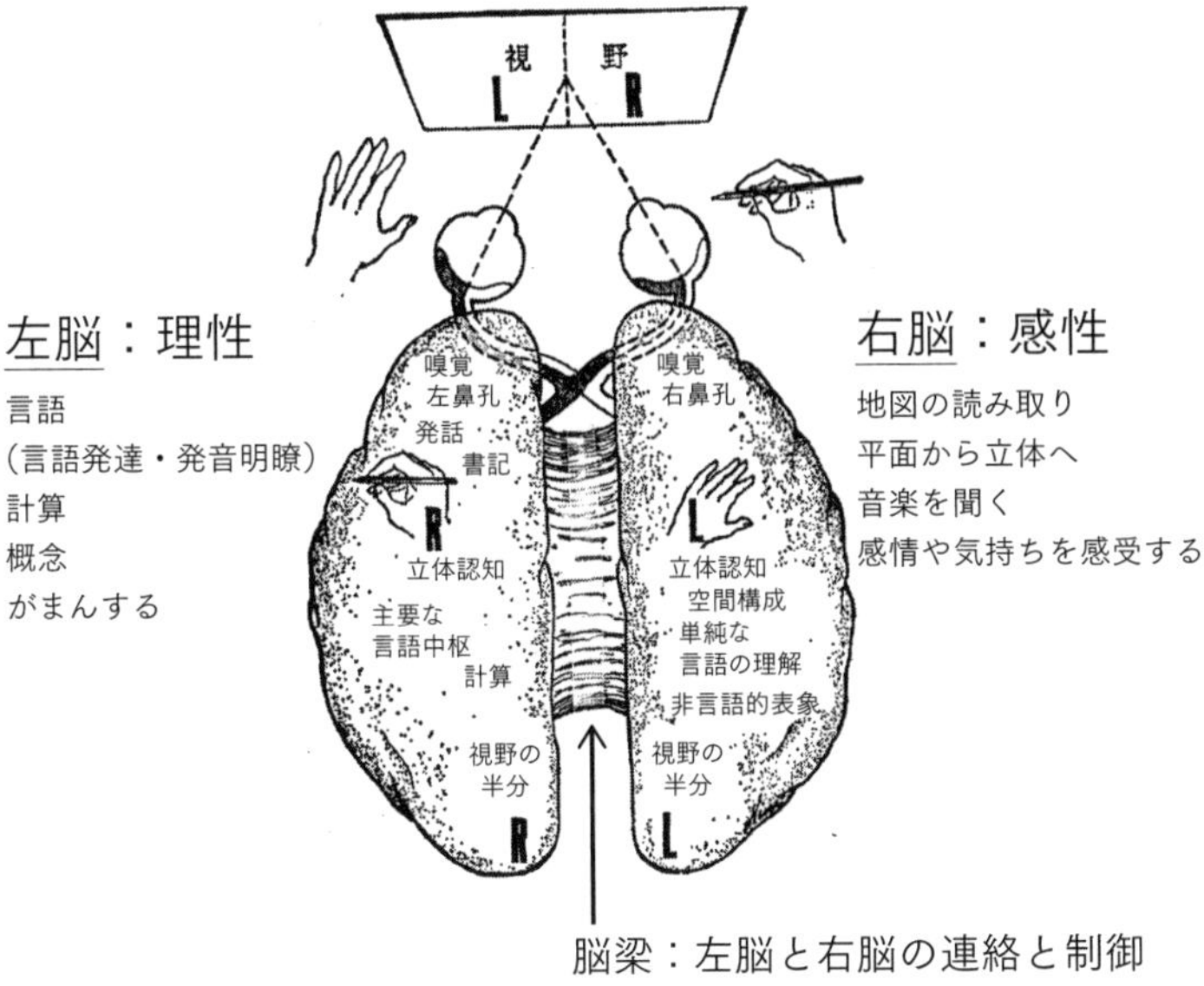

図 2-3　脳機能は場所によって役割が違う

（D・O ヘッブ『行動学入門〈第 3 版〉』1979；70 頁の図に基づき作成）

子どもが、さわることを禁じられているものをさわってしまい、母親に「さわったらいけません」と叱られたとき、左脳と右脳は連携して指令を出します。この場合は、母親の怒りの感情を「ママ怒ってる」と感じとるのは右脳で、「さわるのをやめよう」とブレーキをかけるのは左脳です。このように私たちが行動するときには、左脳と右脳が連絡し制御しあっているのです。

この左脳と右脳とをつなぎ、連絡し制御している部分は「脳梁《のうりょう》」と呼ばれますが、女性の方が太いことが知られています。誕生直後

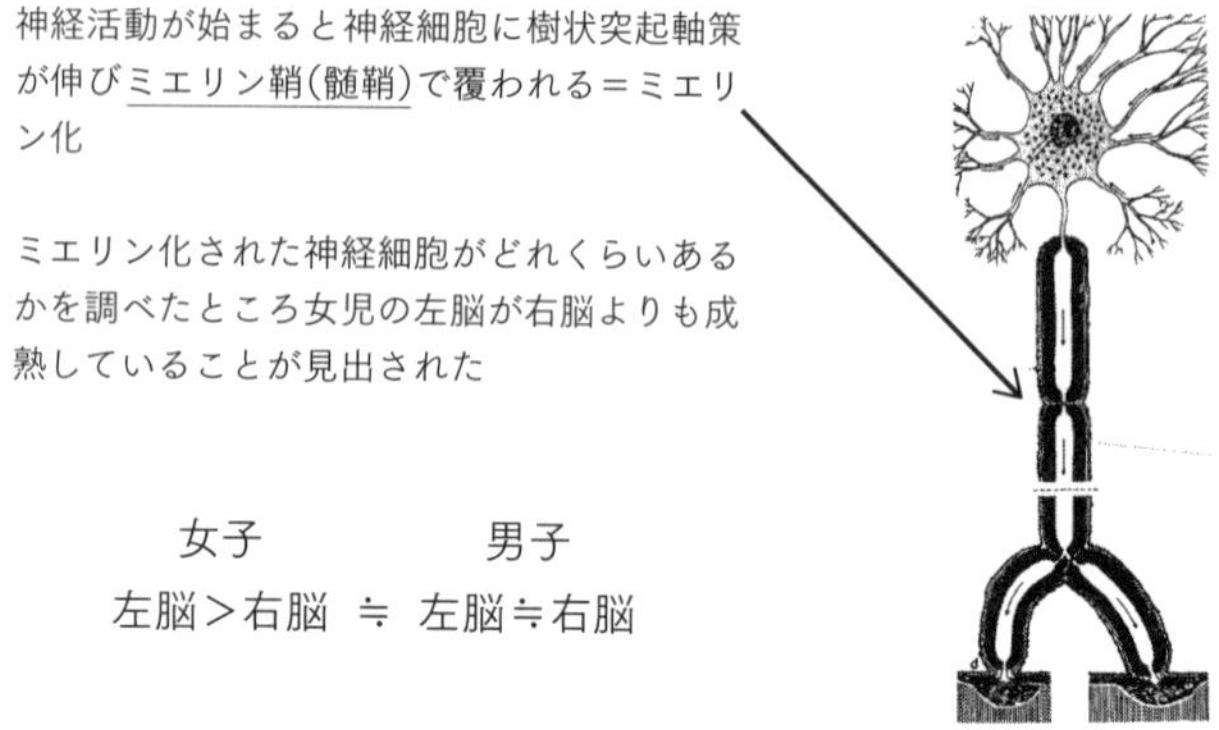
神経活動が始まると神経細胞に樹状突起軸策が伸びミエリン鞘（髄鞘）で覆われる＝ミエリン化
ミエリン化された神経細胞がどれくらいあるかを調べたところ女児の左脳が右脳よりも成熟していることが見出された
女子
左脳＞右脳
≒
男子
左脳≒右脳

図 2-4　誕生時の大脳成熟の性差
（Geschwind,N. & Galavurda,A.M., 1984）

の女児は大脳の成熟度が高く、特に言語を司る左脳の成熟度が高いとされます。一方、男児は全体的に脳が未成熟で左脳と右脳の成熟度にちがいが見られません（図2－4）。

なぜ男児の脳は女児に比べて脳の成熟が遅れるのでしょうか？　男児の発達がゆっくりなのには理由があるのです。

受胎後、18週目ごろから、将来男子になる受精卵には、男性ホルモン（テストステロン）が分泌され、男性になるための準備がおこなわれます。つまり将来、男性としてのからだつき――陰茎の形成や筋肉・骨などの組織――になるように、準備しているのです。この期間には、成長ホルモンが抑制されるため、男児は女児に比べて全体的に大脳や、身長と体重の成長も遅れるのです。

また、男児は遺伝病にかかりやすく、さまざまな

	生存率
年齢	男性：女性
妊娠	120：100
誕生	106：100
18歳	100：100
50歳	95：100
67歳	70：100
87歳	50：100
100歳	21：100

表2-5　生存率からみた傷つきやすさ（被損傷性）
男児は遺伝病にかかりやすく、環境ストレスに傷つきやすい
女児はストレス耐性（レジリエンス）が高く、打たれ強い
（Mckusick,1975；Rutter,1979に基づき作成）

要因で引き起こされる環境ストレスにも弱いのです。女性を１００としたときの男性の生存率（表2-5）から見ると、男性は傷つきやすく、環境ストレスへの耐性も低いという特徴がわかります。受精時には男児１２０ですが、おなかの中にいるときにお母さんが転んで流産してしまったり、遺伝病にかかって流産したりと、男児の受精卵は傷つきやすく、誕生時には１０６と減ってしまいます。病気にかかると男児の方が熱が高く、症状も重くなりやすいという特徴もあります。18歳で男女が同じ割合になりますが、その後も男性は減り続け、１００歳の段階では女性５人に対して男性1人と、女性の方が長生きなのが表から見てとれます。

お母さんたちの実感からも、女児に比べて男児の方が育てにくいともいわれますね。女児は3歳になれば、小さなレディで、お母さんを手伝ってくれる

頼もしい女友だちですが、男の子は甘えん坊で泣き虫が多い。病気にかかるとなかなか治らない。いつまでもお母さんにだっこしてほしいと思っています。このような男児と女児のちがいは、脳の成熟の性差を反映しているのだということをご理解いただきたいと思います。

他の子どもに比べて発達がゆっくりしている、なかなかおしゃべりできない、ひらがなに興味がない、など、お母さんは子どもの「見える力」を手がかりにしてわが子の発達を推しはかろうとします。しかし、発達が足踏み状態にあるとき、後戻りしているように見えるときに、こころ、からだ、あたまの中で「見えない力」が成長しているのです。わが子が「遅れている」とあせらないでください。待つ、見きわめる、急がない、急がせないで、わが子の歩みによりそってあげてください。

子どもの個性を大切に――みんなちがってみんないい

「おぎゃあ」とこの世に生まれたときは泣いてばかりで、どの赤ちゃんも同じように感じるかもしれませんが、その内側ではしっかりと個性が育まれています。

たとえば図鑑型の男の子は、外でみんなとヒーローものの遊びをするより、家で積み木遊びをしたり、自動車が載っている絵本をくり返し読むのが好きかもしれません。物語型の女の子はごっこ遊びが大好きで、クモの巣を見ても「見て、天使が踊ってるの」と想像の世界に入っていくでしょう。

子育ては一人ひとりちがうからおもしろいのです。みんながみんな、本や雑誌に書いてあるとおりのことしかしない子どもばかりなら、無味乾燥な子育てになってしまうでしょう。図鑑型の子どもは、友だちよりもおもちゃなどの「もの」に興味があり、友だちとの関わりが苦手なタイプです。一方、物語型の子どもは友だちと関わるのが上手なタイプで、すぐに友だちができます。

親としては、後者の方であってほしいと思うかもしれません。ですが、なかなか友だちに関われない図鑑型の子どもに対して「ほら、みんな遊んでいるよ」と手を引っぱって仲間に入れようとすれば、子どもはいやがって泣き出すでしょう。無理強いすると、子どもはますますほかの子どもに関わろうとしなくなってしまいます。

図鑑型の子どもは繊細で内気な傾向があるので、外ではなかなか自分の気持ちを伝えられないかもしれません。そういうときは、お母さんが上手にサポートしてあげましょう。

最初はみんなと離れて砂遊びをしていたり、ひとりでおもちゃで遊んでいても、そのまま見守っていましょう。友だちが興味をもって近寄ってきたときに、「いっしょに遊ぼうね」と声をかけてあげると、いっしょに遊びはじめるかもしれません。

もし、ほかの子どもの遊んでいる様子をじっと見つめていたら、「あのスコップいいね」と子どもの気持ちを汲み、お母さんがみんなの輪の中に入って「それ貸してもらってい い?」と声をかけるなど、お手本を見せてあげるといいでしょう。スコップやバケツなどおもちゃを用意していって、そのおもちゃを介して遊ぶきっかけをつくるのもひとつの方法です。

徐々に友だちがいる環境に慣れてきたら、子どもは家にいるときと同じように振る舞えるようになるでしょう。

大人でも、大勢の友人とにぎやかに食事をするのが好きな人もいれば、ひとりで読書をするのが好きな人もいます。自分なりの人とのつき合い方は自然と身につけていくものではないでしょうか。

また、大人になるにつれ、図鑑型と物語型の区別ははっきりとはしなくなります。いろいろな人と関わる中で、自分の気持ちをコントロールすることができるようになるのです。やがてバランスよく両方を兼ね備えるようになるので、図鑑型の人でも上手に人の輪に溶け込めるようになるでしょう。子どものころはおとなしくても、大人になると活発で活動的になる人も大勢います。

小さいうちは友だちと遊ぶのをいやがってもあせらず、お母さんは子どもの上手な「サポーター」になりましょう。

ちなみに、アイボを見て怖がった物語型の子も、お母さんが「大丈夫よ」「ワンちゃんかわいいわね。カワイイカワイイしてみて」とにっこりすれば、安心してアイボにさわることができました。親は子どもを次のステップへ導く橋渡しになっているのですね。

子どもはみんなちがいます。どの子も得意なこともあれば、ちょっと苦手なことも不得意なこともあるものです。有名な金子みすゞさんの詩をご覧ください。

「わたしと小鳥と鈴と」

わたしが両手をひろげても、
お空はちっとも飛べないが、
飛べる小鳥はわたしのように、
地面《じべた》をはやくは走れない。
わたしがからだをゆすっても、
きれいな音は出ないけど、
あの鳴る鈴はわたしのように、
たくさんなうたは知らないよ。

鈴と、小鳥と、それからわたし、
みんなちがって、みんないい。
詩人　金子みすゞ

この詩にあるように、「みんなちがって、みんないい」のです。お子さんのよいところを大事に伸ばしてあげましょう。

Chapter 3

イメージの誕生――認知革命

10カ月になったタッくんは、「ブーブー」「ウーウー」などのことばをつぶやきながら、じゅうたんの端っこにそわせるように積み木をすべらせて遊んでいます。ときには、丸いお盆をまわしながら「ブーブー」と遊ぶこともあります。

こんな遊びをしているタッくんの頭の中をのぞいてみると、大好きな車のイメージが浮かんでいるのです。丸いお盆をまわしているときは、パパのように運転しているつもりになっているのでしょう。積み木や丸いお盆は、車やハンドルを思い浮かべる小道具にすぎません。タッくんは積み木や丸いお盆を動かしてはいても、積み木や丸いお盆を見ているのではなく、積み木から連想される車のイメージを思い浮かべ、お盆を動かしながら、運転しているつもりになって遊んでいるのです。

「第一次認知革命」――0歳10カ月

生後10カ月ごろに「イメージ」が誕生します。イメージとは、心の中になんらかの像を思い浮かべることです。これを境にして赤ちゃんは世界への関わり方を根こそぎ変えてしまいます。目に見える世界だけでなく、頭の中にイメージを浮かべながら世界と関わるようになるのです。タッくんのように積み木を車に見立てて遊ぶ「見立て遊び」や、運転しているときのパパを思い浮かべて運転しているつもりになる「延滞模倣」という遊び方ができるようになります。

生後10カ月ごろ、イメージが誕生してからの認知発達に起こる変化を、私は「第一次認知革命」と呼んでいます。10カ月ごろから大脳辺縁系《へんえんけい》の

生後10カ月ごろ
イメージの誕生と個性；「図鑑型」・「物語型」

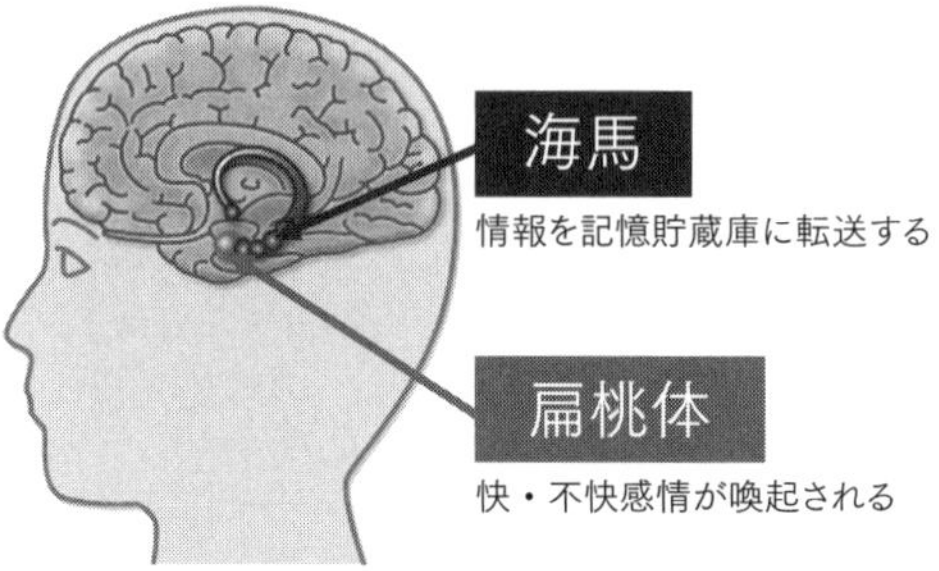

図3-1 「第一次認知革命」の神経学的基盤

「海馬」と「扁桃体」（図3―1）がネットワーク化されはじめ、体験の記憶が蓄積されるようになります。

「海馬」は体験の記憶を記憶貯蔵庫に知識として蓄える働きをします。また、「扁桃体」は快・不快感情が呼び覚まされ、好き嫌いの感情がわきあがる部位です。環境に変化が起こると、海馬が刺激され、この変化に関連した体験の記憶が呼び起こされます。

大人のみなさんも経験があるかもしれませんが、叱られながらイヤイヤやった勉強は身につきませんよね。なぜそうなるのかというと、扁桃体が不快感でいっぱいで、海馬の働きが抑えられてしまうからです。赤ちゃんがうれしそうに笑っているときや、真剣に何かを見つめているときには、扁桃体が快感で満たされているので、海馬の働きが活性化されどんどん知識が吸収されていきます。ですから、赤ちゃんがご機嫌な時間を少しでも長くしてあげてください。

「ブーブー」「ウーウー」と言いながら積み木を動かしている赤ちゃんの頭の中には、知覚世界とは別の体験の記憶がイメージとして浮かんでいます。10カ月以前は、目の前から物が見えなくなると「なくなった」と物の存在を忘れてしまいますが、10カ月ごろは、いつでもイメージを呼び出すことができるため、〝物は目の前からなくなっても存在し続けている〟という「物理認識」も始まります。心理学では「事物同一性の認識」と呼んでいます。

10カ月ごろの乳児をあやすとき大人はよく「イナイイナイバー」遊びをしますね。イメージが誕生した後は、イナイイナイバーは子どもをあやすのにとても効果的な遊びです。母親が「イナイイナイ」と隠れても、乳児は頭の中に母親の顔のイメージを描くことができるので、母親の顔がきっとまた現れるだろうと予測して、母親の顔が現れるのを「息をつめて（緊張して）」待っています。

乳児が予測したとおりに、「バー」のかけ声とともに母親の顔が現れると、乳児の緊張はゆるみ、笑い声をたてます。「バー」のタイミングをさまざまに変えると乳児の笑い声はいっそう大きくなるでしょう。タイミングのずれは、乳児の緊張時間を縮めたり引き延ばしたりすることになるからです。

いたずらは好奇心

タッくんのかたわらで絵本を眺めていたみぃちゃんが、ティッシュを一枚、ティッシュボックスから引き出して鼻をかみました。そしてみぃちゃんはまた絵本に集中です。タッくんの目がキラリと光ります。

お姉ちゃんのまねをして、一枚引っぱってみます。するとシュルッと取り出すことができました。そして、取り出したあとに、新たなティッシュペーパーがのぞいています。

「なんだろう、これ。どんどん出てくる!」

タッくん、ティッシュの箱を抱え込むと、続けざまにシュッ、シュッ、シュッ、シュッ……。楽しくてしかたありません。みぃちゃんが気づいたときには、箱の中は空っぽ。タッくんのまわりには一面ティッシュが散乱し、ティッシュの畑ができあがっていました。

「あっ、タッくん、ダメよ。お母さん、タッくんが〜」

みぃちゃん、ティッシュを拾い集めながらお母さんに助けを求めます。

タッくんはそんなことにはおかまいなし。今度は、みぃちゃんが抱えたティッシュを奪って、ビリビリビリ……破いては大きな紙吹雪のようにまき散らし、キャッキャッと喜びの声をあげています。

「もう、タッくん、ダメって言ってるのに！」

みぃちゃんはお手上げのようです。


またあるとき、タッくんはパパの書斎の本棚の前にやってきました。それぞれの棚に、本がきれいに並んでいます。少しさわってみると、本は横に傾いたり、ずれたりしました。どうやら、取り出すことができそうです。タッくん、おもむろに1冊をつかんでみました。ズルッ。すると本はタッくんの手をすり抜けて、フローリングの床に「バサッ」と落ちます。その瞬間、タッくんの目がキラリと光りました。タッくんの頭の中で、何かのスイッチが入ったようです。タッくん、あぶなっかしい手つきで本を引き抜いては、バサッ。引き抜いては、バサッ。落ちたときに大きな音がするほど、〔やった！　成功！〕といわんばかりにタッくんは満面の笑みを浮かべています。

「きゃ〜、タッくん！」

音を聞きつけたママがあわてて隣の部屋から飛んできました。

「ひゃひゃひゃ！」

タッくんは心底楽しそうに笑っています。

歩きはじめるころから、手の届く範囲にあるものを手当たり次第に引っ張り出したり、倒したり、落としたり……子どものいたずらは爆発的に増えていきます。いたずらというくらいですから、親からすればやってほしくないことばかり。掃除をしても片づけても、次から次へと家の〝平和〟は乱されていきます。この時期のお母さんの悩みの種ですね（しかも数年続きます）。

いったい子どもはなぜいたずらをするのでしょうか？

歩けるようになると、それまでベビーベッドのまわりや親が連れていってくれる範囲にしか手が届かなかった子どもの世界は一気に広がります。

「ママがいつも使ってる『あれ』はどうなってるのかな」「中を見てみたいな」「押してみたらどうなるんだろう」

歩けるようになったことで、子どもは興味のあるものに自ら近づいていき、ふれることができるようになります。ものにふれることは、そのものを知ろうとする行為です。子どもにとっては見るもの出会うもののすべてが初めてづくし。いたずらは、子どもの好奇心のあらわれなのです。

幼い子どもに、「遠慮」とか「少しだけ」ということばはありません。つねに全身全霊、一生懸命です。知ろうとする行動も、全身を使っておこなわれます。子どもは自分で体験することで初めて学習するので、どんな振る舞いも、子どもにとっては意味のある行動なのです。

また、純粋な「知りたい」が原動力のため、「いたずらしてやろう」といった気持ちや「悪いことをしている」という意識も子どもには当然ありません。

大人はつい、いたずらを「なんでそんなことするの！」などと、頭ごなしに叱って禁止しがちです。でも、怒られているという意味もまだわからない時期には、大人の反応をおもしろがったり、パパママが反応してくれた！　と逆に行動を強化することにつながることもあります。あるいは、怯えて親の顔色をうかがう習慣がついてしまうこともあり、困りものです。

パパママには、ぜひ「いたずらは好奇心」と肝に銘じて、多少のことには動じず、どんとかまえていただきたいものです。

やられたら本当に困ること、危ないことは、できないようにあらかじめものを見えないところにしまったり、対策が必要です。

イヤイヤ期は最初の自己アピール

タッくんが2歳になったころ。ママとみぃちゃんとタッくんはスーパーにお買い物に出かけることになりました。

ママがお支度をしている間にみぃちゃんとタッくんは先に玄関で靴を履いてママを待つことにしました。みぃちゃんはお気に入りのピンクの靴をササッと履いてお出かけ準備完了。ふと見ると、タッくんが靴を履くのに手間取っていたので、みぃちゃん、手伝ってあげようとタッくんの靴をおさえてあげました。すると、〔自分で履くんだ!〕と思っていたタッくんは、「イヤ!」と八の字眉になって、みぃちゃんの手を払いのけます。

「このお靴、いやなの?」。みぃちゃんは、いつも履いている靴じゃないのがいいのかな、と気を利かせて、「じゃあ、こっちにする?」と別の靴を取り出してあげました。

でもタッくんは、ますます「やぁだ!」。その場で地団駄を踏んで怒っています。

みぃちゃん、タッくんが何をいやがっているのかわからず、困ってしまいました。

別の日。ファミリーレストランで家族そろってお食事をしていたときのことです。

おなかがすいていて少しご機嫌ななめだったタッくん。パパがタッくんの好きなウィンナーを食べやすいように一口サイズに切ったところ、タッくんは急に「ヤ！」と怒りはじめました。パパもママも、何がいやだったのか、「?」だらけ。タッくん、どうやらこの日は、ウィンナーを大きいまま食べたかった……ようです。

1歳の終わりころから2歳代にかけては、「魔の2歳児」と呼ばれることもあるように、子どもの「イヤイヤ」が強まる時期です。親であれば必ず直面する、このイヤイヤ期。ごはんでイヤイヤ、お着替えでイヤイヤ、公園でイヤイヤ、お店でイヤイヤ……朝から晩までイヤイヤの大合唱。何をいやがっているのかわからないことが大半なので、親は振り回されてうんざり、ついイライラしてしまいがちです。

じつは、最初の反抗期ともいえる「イヤイヤ」は、子ども自身が「自分」という存在を意識しはじめたサインで、子どもの成長にとって、とても重要な意味をもつものです。

自分の力で靴を履きたかったのに、お姉ちゃんが手を出してしまった（もちろん、みぃちゃんの振る舞いは、お姉さんとして立派なものです！）、大きいまま食べたかったウィンナーをパパが小さくしてしまった……。イヤイヤの理由は（大人からすれば）とても些細なものであることも多いのですが、まだ経験も少なく、ごく狭い限られた世界に生きている子どもにとって、ウィンナーの大きさは大事件なのですね。

またそれは子どもの「自分はこうしたい」という自分アピールのメッセージなのです。ことばは上手に使えなくても、「ぼく・わたしを認めてほしい」という気持ちを子どもはもっていて、それを「イヤイヤ」で伝えようとしているのですね。まだまだ親やまわりの人の手助けがなければ日常生活ひとつをとってもままなりませんが、言いなりになるのではなく、自分の意思をもちはじめた、大きな大きな一歩なのです。

じつはこのとき子どもは、イヤイヤに対するお母さんの反応から、お母さんとの新しい関係やコミュニケーションを楽しんでいます。身近な存在であるお母さんとの関係から、自分と世界の関わりを知って、つながりを築こうとしているのです。

イヤイヤに対してお母さんが感情的になってしまったり、適当にあしらったりするのはあまりよくありません。一歩ひいて客観的に観察して、「やりたいようにやってみて」と子どもにまかせることができればベストです。

時間がないなかでイヤイヤをされると気持ちの余裕を失いがちですが、この時期の体験は、子どもが大きくなったときに、まちがいなくほほ笑ましい思い出になります。「イヤイヤ」も「今だけ」と思って、子どもとのコミュニケーションを楽しむ気持ちを忘れないようにしたいものです。

「待つ」ことを伝えるチャンス

子ども用品店でお買い物をしていたときのことです。

タッくんの目にすてきなものが飛び込んできました。それは、消防車のおもちゃ！　はたらく車に首ったけのタッくんの目に、赤いボディがキラキラと輝いて見えました。

タッくん、手を伸ばして消防車をさわってみます。タッくんの手にもちょうどよい大きさで、ますます魅力的です。「ウゥゥゥゥ〜」と陳列台の上で消防車を走らせて遊んでいると、少し離れたところからパパが「タッくん、もう行くよ〜」と呼びました。

〈まだ遊んでいたい〉と思ったタッくん。消防車を手に「これ〜」とパパに訴えてみました。するとパパは、タッくんが買いたがっていると思ったのか、「お、かっこいいね。でも買わないよ」と、けんもほろろ。タッくん、〈消防車とお別れしたくない！〉と心に火がついてしまいました。

「ぎゃあ〜〜〜！　しょーぼしゃ、しょーぼしゃ〜〜〜！」

その場で大きな声で泣き出したタッくん。パパは「買わないって言ってるでしょ」と強い態度に出ますが、内心困ってしまいました。

1歳半ぐらいから、気に入らないことがあるとかんしゃくを起こしたり、まわりの人が言うことを聞いてくれないと「ダダコネ」をすることが増えます。これは「イヤイヤ」同様に、自我が芽生えたことによるものです。

とはいえ、お店や電車や、人がたくさんいるところでひっくり返ったり、大声で泣かれたりすると、親としてはまわりに迷惑がかかってしまう、と気が気じゃありませんね。

子育ての場面でよく出くわすシチュエーションですが、いつも楽しく笑ってばかりいるのがいい親子関係だとはいえません。何か試練があったときにいっしょに乗り越えていく力をもっていることこそ、しっかりとした絆で結ばれている証ではないでしょうか。

このときのタッくんとパパのやり取りでは誤解もありましたが、ダダコネも試練のひとつです。

もし、困ったパパが、「静かになるのなら……」とか「こんなにほしがっているのにかわいそう」などと情にほだされて要求どおりにおもちゃを買ってあげたら、どうなるでしょう。おそらく子どもはピタッと泣き止むでしょう。ですが、思い通りになったという経験を学習してしまうと、次に似たような状況に出合ったときに、「前回うまくいったから今回も」と子どもは同じように振る舞います。その場でダダコネがおさまると一時的に問題は解決しますが、間違った学習が積み重なると、がまんすることを知らないまま成長してしまいます。

こういうときは、親が「ダメ」といったら絶対ダメだということを、くり返し言って聞かせ、行動でも示しましょう。

一方で、子育てには何事も準備が必要です。おもちゃ屋さんに連れていったら、子どもは何か買ってもらえるかも、と期待してもおかしくありません。おなかがすいている状態でスーパーに行っておいしそうなものを目にしたら、食べたくなるのが自然な成りゆきです。

こういう場合、出かける前に、「おもちゃのあるお店に行くけど、今日は何も買わないからね」と言い聞かせたり、外出前に何かを食べてから出発するというのは手です。あるいは「買うのはひとつだけだからね」と前もって伝えてそれを守ることで、子どもも親の姿から学んでいきます。

そういった準備が足りず、子どもがダダをこねてどうにもならなくなってしまったら？

子どもを抱き寄せ、ゆっくり呼吸をすると、パパやママの気持ちも静まり、子どももだんだん落ち着いてきます。それから、やさしく「帰ったらおうちにあるおもちゃでいっしょに遊ぼうか」などとなだめてあげましょう。感情的に「ダメって言ってるでしょ！」と怒るのはまったくの逆効果です。

折にふれてがまんさせることは、子どもを強く成長させます。

お客さまが家に来たときなど、がまんが必要な場面で子どもがテーブルに並んでいるお菓子を食べようとしたら、「みんながお座りしてから食べようね」と言い聞かせます。お客さまのお菓子に手を出そうとしたら、「これはお客さまに出すものね。○○ちゃんはこれを食べようね」と別のものを渡してあげます。

待つことを覚えることが、がまんにつながるのです。

そうはいっても、すぐにはうまくいかないでしょう。その時々で根気よく働きかけていくことが大切です。もし、前回よりも長く待てたら、「待っててくれて、ママ助かったな」とほめてあげること。これを3回くり返すと、子どもは待てるようになります。ちょっとでも進歩したら見つけてほめるというのがポイントです。

「第二次認知革命」——5歳半ごろ

幼児期の終わりに「第二次認知革命」がおこります。情報処理全体を統括する部位、つまり、大脳前頭葉《ぜんとうよう》の「ワーキングメモリー」が、大脳辺縁系の「海馬」や「扁桃体」とネットワーク化され、それぞれの部位が連携して働くようになります。

ワーキングメモリーが働きはじめると、未来を意識してプランを立てる「プラン能力」や、自分の行為を振り返り、反省したりする「メタ認知能力」が働きはじめます。また過去にさかのぼって出来事の原因を推測する「可逆的操作《かぎゃくてきそうさ》」が使えるようになります（8章で詳しく説明します）。そこで、遊び方が変わってきます。ルールのある遊びやゲームも楽しめるようになるのです。

男の子と女の子のちがい

タッくんは恥ずかしがり屋さんです。しかし、おねえちゃんのみぃちゃんはおしゃまで社交的です。

ある朝、近所の酒店が、水のペットボトル6本とパパのビールを届けにきてくれたときのことです。玄関のチャイムがなって「はい、どちらさまですか？」とママ。「格安酒店です。ご注文のビールとお水をお届けに参りました」と宅配担当の顔なじみの店員さん。ママは玄関のドアを開けて、「ごくろうさま」と伝票に受け取りの印鑑を捺し、水やビールを受け取りました。

ママについていったみぃちゃんも、店員さんに「お水届けてくれてありがとう」とお礼を言いました。すると店員さんはうれしそうに、「はい、いつもありがとうございます」

とあいさつしてくれました。
ところが、タッくんは、離れたところからこの様子をそっとうかがっていました。店員さんがタッくんに気づいて「タッくん、おはよう」と声をかけました。すると、タッくんは恥ずかしそうに、「オハヨ」ともごもご口ごもり、慌てて居間のほうへ逃げてしまいました。

このように、男の子には恥ずかしがり屋さんが多いようです。一方、女の子は、おしゃまで社交的な子が多いですね。男の子、女の子のこのような違いはどこから生まれるのでしょうか。

2章で述べたように、男の子と女の子では「脳」の発達の速度がちがいます。ことばを司る脳、「左脳」の発達は男の子より女の子の方が速く、女の子は早い段階で「こんにちは」「ありがとう」と言えるようになるので、しっかりしているように見えるのです。

男の子は左脳と右脳がほぼ同じ程度に発達するので、女の子の左脳の発達速度と比べるとやや遅れています。

そのため、まだことばでうまく言い表せずに、黙ってモクモクと遊んでいたり、「ご挨拶は？」と言われてもモゴモゴと口ごもったりするわけです。

このときに「しっかりしなさい」とことばをかけると、男の子は追いつめられたように感じて、ますます自信をなくしてしまいます。子どもの不得意なことをとりあげて非難したり叱ったりするのではなく、モゴモゴと何か言ったら、「ご挨拶できたわね」と認めてあげて、自信をもたせてあげてください。

2章でも述べましたが、女性は、左脳と右脳とをつなぐ脳梁《のうりょう》という部分が男性よりも太いので、左右の脳を使って話をするともいわれています。このため、女性は感じたことをスムーズにことばにできるのです。男性に口下手が多いのは、脳の発達の性差に関係しているのかもしれません。

いずれにしても、「男の子（女の子）はこうあるべき」という固定概念にしばられず、長い目で子どもの成長を見守ってほしいと思います。

葛藤する４歳

子どもはつねに同じスピードで成長するわけではありません。行きつ戻りつをくり返し、成長、発達していきます。

3歳になり、自己主張もはっきりするようになり、ひとりで考えて行動できるようになったかと思えば、4歳になるとまわりの視線を気にしたり、恥ずかしがったりするようになります。

それまで活発に見えた子どもが急に引っ込み思案になったようで、心配になるかもしれませんが、これも成長していることのあかしです。

私が保育園や幼稚園で子どもと面接しようとすると、3歳児ははっきりと「いいよ」「いや」と自己主張し、5歳児は「行ってあげてもいいよ」とこちらの気持ちを汲んでくれます。

4歳児はというと「いっしょに来てくれる?」と誘うといいとも悪いとも言わずモジモジしています。そこで実験室に連れていくと泣き出したりします。4歳児は恥ずかしがり屋さんなのですね。

そうした4歳の過ごし方は重要です。この時期に自信の土台のようなものが築かれ、その後のキャラクター(人格)に影響を与えるともいわれています。

恥ずかしがり屋の4歳児は、人前で何かを試したり、失敗したりするのをいやがり少し慎重になります。「ほら、みんなも縄跳びやってるでしょ? やってみなさい」というように無理強いするのは禁物です。失敗を恐れるあまり、引っ込み思案になってしまうかもしれません。

子どもがやってみたいと思うまで待っていれば、自分でこっそり練習して、納得がいったところで見せてくれるでしょう。そのときがくるまで、待つことです。そしてその子どもの努力を認めて「がんばったね」「よくできたね」とほめてあげましょう。

このことばに、子どもは達成感や、やり遂げた喜びを再確認するはずです。

物事のルールがわかる5歳

子どもがコップを割ってしまったとき、つい大人は「さわっちゃダメって言ったのに、どうしてさわったの」と問いただしてしまいがちです。

問い詰めるような聞き方をすると、子どもを追いつめてしまいます。「まったくもう！」と大人がカリカリしながら後始末をしていれば、子どもは余計につらくなってしまうでしょう。

子どももコップを割ることは「いけないこと」と自覚しており、それでも失敗をしてしまったのですから、こういうときはまず「大丈夫だった？　ケガしなかった？」と子どもの身を心配してあげましょう。その後で落ち着いて話すようにすれば、子どもも素直に話を聞くはずです。

理由を聞かれて「ジュースが飲みたかったから」などと自分のしたことの理由を考えて話せるようになるのは、5歳半ぐらいからです。

2歳ぐらいから「だって……だもん」と理由を説明するような話し方をしますが、これは自己主張しているだけで理由を考えて説明しているわけではありません。3歳や4歳の子どもに「どうして〜したの」と理由を問いただしたとき、黙って何も答えられなくても不思議ではないのです。

5歳になると物事の整理ができ、ルールがわかってくるので、理由を考える力がついてきます。「大丈夫だと思ったの。でも手がすべって割っちゃった」という具合に。

失敗したときに子どもに考えさせるのは、確かに大切です。けれども、理由を考えられない時期に無理に考えさせようとすると、子どもにはプレッシャーになり萎縮してしまいます。年齢によってできること・できないことがあるので、あまり多くのことを求めないようにしましょう。

「忘れん坊」は脳のネットワークが成長中

友だちと遊ぶ約束をしていたのにコロッと忘れたり、遊びに行っておもちゃを忘れて帰ってきたり、意外にも子どもは「忘れん坊」です。

子どもはいつごろからきちんと記憶できるようになるのでしょうか。

人間の「記憶する」という機能は、0歳のときから始まっていることが確かめられています。

記憶の発達は脳の記憶を司る「海馬」と呼ばれる大脳辺縁系の神経細胞のネットワークがつくられることによって支えられています。「エピソード記憶」は特定の時間や場所に結びついた記憶です。この記憶が発達するのは生後10カ月ごろからです。

人間の脳は生まれたときから完全な状態ではなく、5歳半ごろには、前頭連合野《ぜんとうれんごうや》のワーキングメモリーと海馬のネットワークができあがります。忘れっぽい子どもは、まだ脳のネットワーク機能が十分にできあがっていないので、記憶をうまく取り出せないだけなのです。

脳のネットワークは、使えば使うほどその部分のつながりが強くなるといわれています。記憶を取り出すのも同じです。大人が何でも先に言ってしまうと子どもの脳は発達しません。

なるべく子どもが自分で考えて答えを見つけられるように導いてあげましょう。

「ひとりごと」で「心のことば」が育つ

ひとりごとは、3歳ごろからあらわれ、4歳ごろから多くなります。

親御さんの中には「何か病気なの？」と悩んでしまう人もいるようですが、その心配はいりません。

ひとりで遊んでいるときに「これはこっちに置いて、これはどこにしよう」とおもちゃの配置を替えたり、クレヨンで絵を描いているときに「赤がないなあ、じゃあ、黄色を使おう」と言ったりするのは、声を出したほうがうまく考えをまとめられるからです。

子どもはひとりごとを言うことで自分自身に質問し、答えています。やがてことばを発しなくても心の中で自問自答できるようになります。ひとりごとは、心の中でことばを使って思考するようになるまでのプロセスのひとつなのです。もしこの内なることばが育たなければ、子どもは何かを想像することも、記憶することもできないでしょう。

文字を書くようになっても、最初のうちは「ここをまっすぐ」という具合に声を出しながらでないと書けない子どももいます。また、「あ」と言ってから〝あ〟を書くというように、一字ずつ声に出して唱えながら文字を書くこともあります。ことばが手の動きを助けているのですね。

ひとりごとは3歳以降に集団生活をするようになるとさらに増え、7、8歳になると急速に減っていきます。

ひとりごとを言いながら、自分の想像世界に集中しているときは、無理に入り込まずにそのままにしておきましょう。このとき、心の中でどんどんことばが育っているはずです。

子育てで何より大切なのは、「待つ」ことです。急がずあわてず、子どもの育ちの自然なプロセスを見守り、待ってあげることが大事ではないかと思います。

子どもが失敗したときは、「残念だったね」と受け止めてあげてください。前より進歩したときこそ、3Hのことば「ほめる」「はげます」「(視野を)ひろげる」をかけてあげてください。大好きなお母さんにほめられ、認められると、子どもはとてもうれしいものです。がんばった自分に誇りをもち、自信がつきます。そこから、「もっとがんばろう」、「挑戦してみよう」という勇気がわいてくるのです。

「第三次認知革命」——9〜10歳ごろ

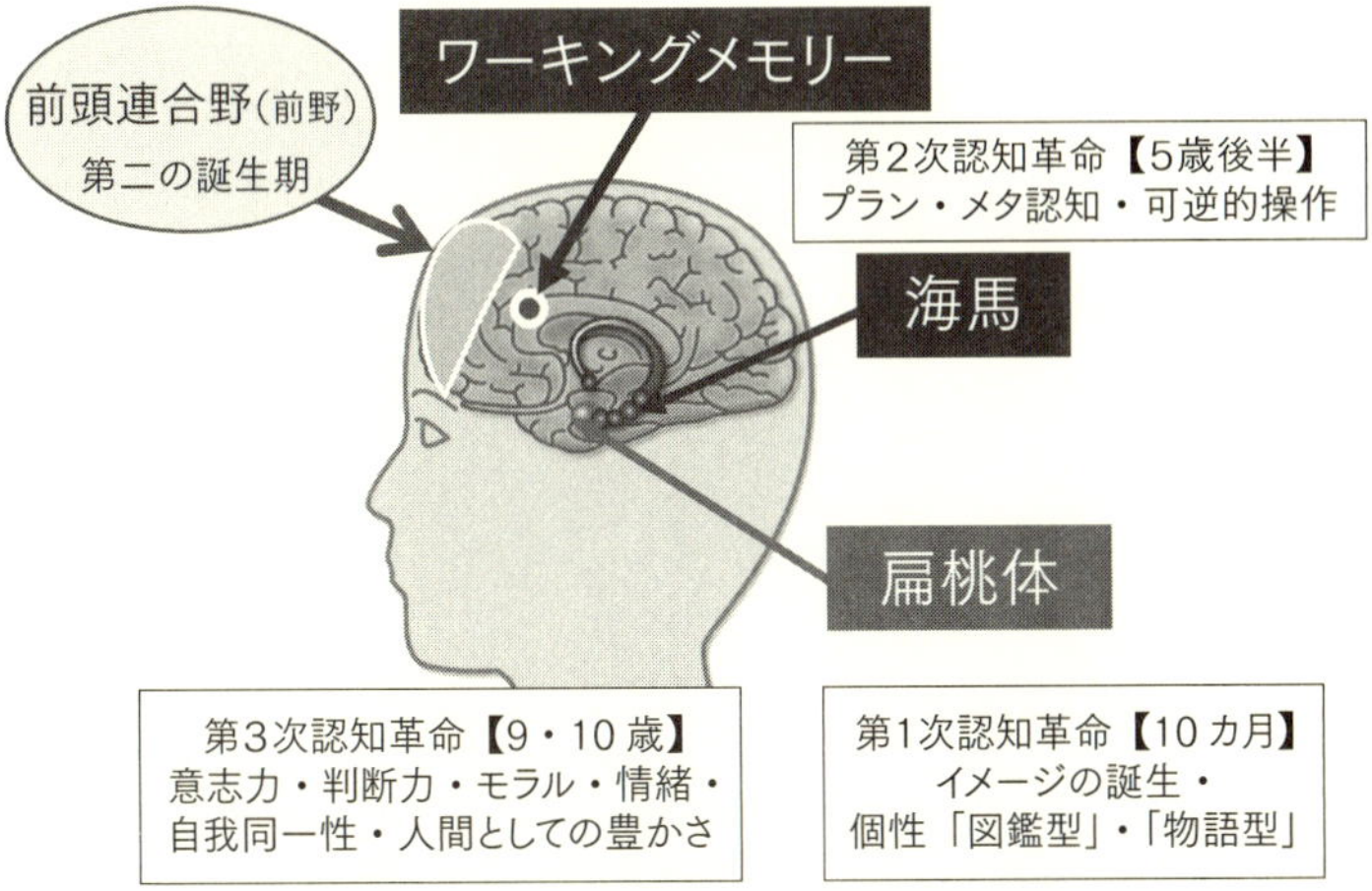

図3-2 「3つの認知革命」の神経学的基盤
乳幼児〜児童期の認知発達の劇的な変化
⇒子どもは世界へのかかわり方を根こそぎ変えてしまう

いよいよ小学生になると、学校での学習が始まります。小学校の低学年のうちは、幼児期の延長のような生活をしていますが、小学校の3、4年になると学校の学習も難しくなりはじめ、この時期から「第三次認知革命」が始まります。

第三次認知革命は、大脳の働きの全体を統括する大脳前頭葉の前頭連合野にシナップスがつくられます。前頭連合野では、意志や判断、情緒や倫理意識など、人間としての高次な心理機能を担っています。この部位の成長により、人間性がぐんと育ちますので、第三次認知革命を機に始まる青年期（9〜10歳ごろから25歳ごろ）は人間としての「第二の誕生」とも呼べるでしょう。

生後10カ月ごろの「第一次認知革命」、

幼児期の終わり、５歳後半ごろの「第二次認知革命」、そして、青年期のはじまりの「第三次認知革命」の神経学的基盤については、図3-2をご確認ください。

小学校の高学年くらいに、よい本や将来の目標となるような人に出会うことが、人生を自分らしく、充実して生きられるかどうかの鍵を握ることになります。

親離れの時期も間近に迫ってくるころです。ですから、小学校高学年になったら、親子とはいえお子さんとは「友だち」のような関係で、お子さんの意志や考えを尊重していただきたいと思います。

新聞に載っていた母子の会話をご覧ください。

子「ぼく、だれと結婚するの？」
母「いちばん好きな人と」
子「ああ、お母さんと結婚したかったなあ」
母「じゃあ、お母さんと結婚しようか」
子「だって、お父さんと結婚しちゃったじゃん。ぼく知っているよ、写真見たもん」
（４歳５カ月）
子「ぼく、今日学校行きたくないなあ」

母　「じゃあ、行かなくてもいいんじゃない」

子　「行く。ぼくの人生だもの。ぼくの人生はお母さんが決めるんじゃなく、ぼくが決めるの」

（8歳7カ月）

母　「水泳教室行ったら」

子　「言っとくけど、やらせは絶対いやだからね。自分のことは自分で決める。お母さんの言う通りにはならないことが多くなると思うよ」

（10歳4カ月）

この会話は、朝日新聞1993年4月5日の天声人語、「育ち盛りの子どもの言葉」に紹介されていたものです。

男の子は、10歳ごろになると独立宣言をするようになります。4歳のころには「ママと結婚したかった」と言っていたこの子は、10歳で母からの独立宣言を発しています。頼もしいですね。そして自我が成長していますね。すてきな子育て——子どもを赤ちゃんのころからひとりの人格をもった存在として敬意を払い、しかし幼いうちは寄り添い、何よりも愛して育てたからこそ、「やらせは絶対いやだからね。自分のことは自分で決める」と言えるような子どもに成長したのではないでしょうか。

しかし一方で、男の子は甘えん坊でもあります。お母さんのことが大好きです。

お母さん、今朝、寒いね。
ぼくのこと、ぎゅっとしていいよ。
そしたら、お得だよ。

（6歳7カ月・小学校1年生／お茶の水女子大学附属小学校の松木正子先生より）

ぼくをおこるのも　ほめるのも　お母さんは世界一だね。

（前掲の朝日新聞「天声人語」より）

育ち盛りの子どものことばは子どもの成長の証です。大事に耳を傾けていただきたいものです。

Chapter 4

ことばの不思議――子どもが世界とつながるとき

「あーあー」「あくん」「ぐっ」「きゅーん」

タッくんはいろいろなことばを話します。おっぱいを飲ませてげっぷを出しているときも、顔を動かしたときも、いろいろな音が出てきます。これに気づいたママは、そうだった、みぃちゃんもいろいろなおしゃべりをしていたなと思い出しました。

そこでママも「あくーん」「ぐっ」「あーあーあー」と答えます。まるでタッくんとおしゃべりしているみたいです。ことばでおしゃべりする日を心待ちにして、タッくんの「おしゃべり」にこたえるのです。

遊びからはじまることば

生後10～12週までは、クークーという音声（cooing）やゴロゴロと喉から発声されるような音声（gurgling）を発します。生後1カ月ごろから、これに「喃語《なんご》」と呼ばれる発話が混じるようになります。しかしこれらは、あくまでも発語器官の運動と感覚のくり返しが心地よさ（快感情）をもたらすことにより生ずるもので、単なる音声遊びといってよいものです。このような音声遊びは、睡眠やミルクも十分に足りており、生理的に満足状態にあるときや、乳児が落ち着いて「ゆとり」があるときに出てくることが多いのです。

3カ月ごろになると、ひとりで発声遊びをしている場面で発する発話と人のいる場面で発する発語はちがった発声になります。「ひとりごと」（独語的喃語）は単調ですが、人に話しかけるように発声する「社会的な喃語」は、発声の強さやイントネーションに微妙な変化が見られ、相手に向かって話しかけるような調子の声に変わります。

4カ月前後の喃語は、子音や母音が区別されてはっきりと聞き取れるようになります。この段階の喃語には、意味のあることばの発声には無関係な音も混ざっています。この時期に発声する音の種類はどの文化でも共通です。たとえば、日本語のラ行には「l《エル》」と「r《アール》」の

図4-1　発声と手の上下運動の関係
4カ月ごろは声を出すと手の上下運動が伴う。6カ月すぎには口だけパクパク動きおしゃべりするような表情だが、手はつみ木をしっかりつかみ、まったく動かない。

両方が含まれています。このことからこの段階では、赤ちゃんがご機嫌のよいときに、自発的におこなう音遊びの発声であることがわかります。人に向かって発話する社会的喃語と発声遊びとしての独語的喃語は、音の種類も発声するときの表情もまるでちがうのです。

生後6カ月ごろからは、バ、バ、バ、とか、アウ、アウ、アウというような、母音と子音の構成がはっきりと聞き取れるような「規準喃語」(canonical babbling)が発せられるようになります。発達心理学者の江尻桂子さんはこの規準喃語が始まる1カ月前には赤ちゃんは発声しながらからだを動かしていることに気づきました。からだの動きのうち、手の上下運動が特に増えるのです。しかし、規準喃語が出現すると、手の上下運動は急になくなってしまうのです。

なぜこんなことが起こるのでしょうか？　それは、発声器官と手の運動をコントロールする大脳運動野が隣り合っているため、発声器官の興奮が手の運動を支配する運動野に影響して、手も動かしてしまうからです。この時期、両方の運動野が未分化のうちは発声と手の上下運動は同期しますが、1カ月も経つと、両方の部位が分かれるので、手を動かしても声が出ることはなく、逆に声を出したときに手が動いてしまうこともなくなります。

このような発声行動をくり返すことによってのど（声道や喉腔）の構造が変化して、舌を動かす空間が広がるため、母音や子音、鼻音、舌音など多様な音が声として出てくるようになるのです。

8カ月ごろ～満1歳までの間に、明らかに人に向かって話しかけるような様子が見られるようになります。まだ音韻の組み合わせはでたらめで意味はわかりませんが、イントネーションやストレス（アクセント）は母国語そっくりなので、まるでおしゃべりをしているように聞こえます。これは「ジャーゴン」（jargoning, 無意味なおしゃべり）と呼ばれる発話です。隣室で聞いていると、赤ちゃんがまるで日本語を話しているかのように聞こえます。

満1歳になるまでには、同じ状況に特定の音声を結びつけて発声するようになります。食事の場面で「ンマンマ」、母を見て「ママ」、父親に対して「パパ」などです。たとえば、バギーにぶらさがっているバッグの中に入っているジュースがほしいときには、10カ月の赤ちゃんであれば後ろを振り向いてバッグの方に手を伸ばし、母親を見ながら「ダーダー」と発声します。すると、母親は赤ちゃんが何をほしがっているかがわかり、ジュースを飲ませてあげられるのです（Dore, 1978）。

意味のあることばの始まり

タッくんが2歳になった夏、家族で潮干狩りに出かけました。

タッくんは、みぃちゃんと海岸を歩いていて、ウニを見つけました。タッくんは、〔あれなんだろう。ボールみたい。でもボールとはちがうな。だってトゲトゲしていてさわるとチクンとして痛そうだもの。さわってみたいけど、どうしようかな〕などと考えながら、しばらくの間ウニをジーッと観察していました。やがて、ウニを指さして「ボール」とつぶやきましたが、ウニにさわろうとはしませんでした。このつぶやきを聞いたみぃちゃんは「うん、ボールみたいね。ウニっていうのよ」とタッくんに名前を教えてあげました。

意味のあることば（有意味語）を獲得する過程に出てくる「般用《はんよう》」という現象があります。

般用というのは自分の手持ちのことばで他の「名前を知らない対象」を呼ぶことです。
　タッくんが「ボール」ということばが言えるようになったとき、家族で出かけた海岸でウニを見つけました。しかしその名前を知らなかったタッくんは、ウニを指さし「ボール」と呼びました。家のボールならばすぐに拾いあげるのに、タッくんはウニにさわろうとはしませんでした（ヘップ，1975）。
　タッくんはウニとボールのどちらも〝丸い〟という形が似ていることに気づきましたが、それだけではなく、ボールはつるっとしているけれど、ボールのように見えるものはさわるとトゲトゲしていて痛そうだという〝ちがい〟にも気づいたことを示しています。
　この現象は、ことばや知識を覚えていくときの方法をあらわしています。新しいものに出会ったとき、自分の知っているものとどこが似ていて、どこがちがうかをすばやく調べ、似ている部分が多いものと関連づけて覚えていくのです。このようなやり方は、私たちの心が、新しい情報を、古い既知の情報に関連づけて取り入れるという傾向をもっていることをあらわしています。私たちが住む世界について知覚し、学び、考える方法（帰納的推論の方法）を使って私たちはことばや知識を獲得しているのです。

子どもは詩人で発明家！

◎「あぁ、ここでくもをつくっていたのか！」

みぃちゃんは空を見上げると、入道雲がどんどん太って大きくなるのに気づきました。「わあ、すごーい。おっきいな。どんどんふくらんでいく！」

「くもってだれがつくっているのかな」と、みぃちゃんは気になってしかたありません。しばらくすると、雲がお空にいっぱいになり、灰色になったと思ったら、ザーッと雨が降ってきました。

「くもが雨をこしらえたのかしら？」またみぃちゃんのあたまに「ふしぎ」がひろがり

ます。「だれがくもをつくっているのかな？　くもが見えない日もある。でもこんなふうにくもがいっぱいになって、雨がふってくることもある」。
そんなふうにいつも雲が気になってしかたがないみぃちゃん。タッくんとママといっしょにお散歩していると、畑のむこうに大きな煙突が見えました。白い煙がたちのぼっています。そこでみぃちゃんはこの煙突が雲をつくっていたのかと思ったのです。

ここで、子どものことばに耳を傾けてみたいと思います。子どもたちのことばの自由で豊かな発想には驚かされ、彼らが小さな詩人や発明家であることをしみじみと感じることになるでしょう。

「ゆうやけこやけのかたまりだ！」（3歳男児）
〈夕焼け空を見て「まっかっかだね」と感動した男の子が家に帰って東の窓をあけると満月が昇りはじめたところだった。その瞬間に夕焼け空が固まって月になったというイメージをもったのでしょう〉

「ここでくもをつくっていたのか」（4歳女児）

〈右のみぃちゃんのような疑問をもった4歳児が、ごみ焼却施設の煙突から白い煙が天に向かって立ち昇るのを見た瞬間の発話〉

「おかあさんはおばあちゃんから生まれたんでしょ。じゃあ、おとうさんは、おじいちゃんから生まれたの?」(5歳男児)

〈母親がおばあちゃんから生まれたのは知っている。ではお父さんは誰から生まれたんだろう?と疑問をもち、自分のよく知っていることから類推を働かせた発話〉

「パンダって、おめでたくないどうぶつなんだね」(6歳女児)

〈お通夜の席で、白黒の幕を見た瞬間。白黒模様のパンダを連想し、そばの母親にささやいた発話〉

このように子どもはまわりの世界に関心をもち、いつも疑問を浮かべているのです。そして自分なりに回答を見つけてつぶやきます。子どものつぶやきは、子どもの心や知能の成長をのぞく窓のようなものです。

子どもは類推を働かせ、自分のよく知っていることと目の前の未知の情報との似ている点とちがっている点を比べ、似ているところが多い「知識の引き出し」にしまっていきます。ことばも知識も、子どもがあれっ？と感じた疑問を解決して、自分なりの答えを「知識の引き出し」にしまうことによって増えていくのです。ことばの意味も類推を働かせて似た知識に結びつけて推測しているのです。

ここまでに述べたことをおわかりいただいた上で、ことばの意味の広がりについてさらにご理解いただくために、クイズに挑戦していただきましょう。

◎クイズ

【クイズ1】図4-2をご覧ください。ある語「X」は、コウモリの翼、水鳥などの水かき、クモの巣、網状組織、クモの巣状のものなどの意味をもつことばです。どんなことばでしょう？　何か複雑な網状のもののことを指しているんだなと思われるでしょう。見ていくと……、仕組んだもの、入り組んだもの……、最後に、「一巻きの印刷用紙」ともあるので驚かれるかもしれませんね。

答えは巻末に掲げておきますので確認してみてください。正解でしたか？

では、もうひとつクイズを考えてみてください。

【クイズ2】図4-3をご覧ください。ある語「Y」はどんなことばだと思われますか？

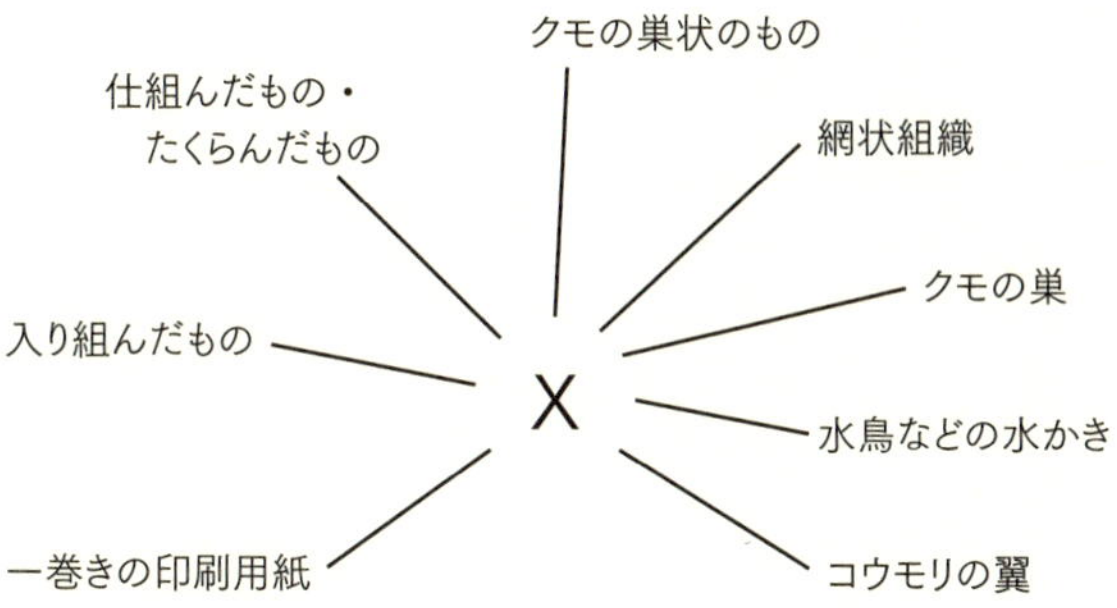

図 4-2　クイズ 1「X は何のことば？」

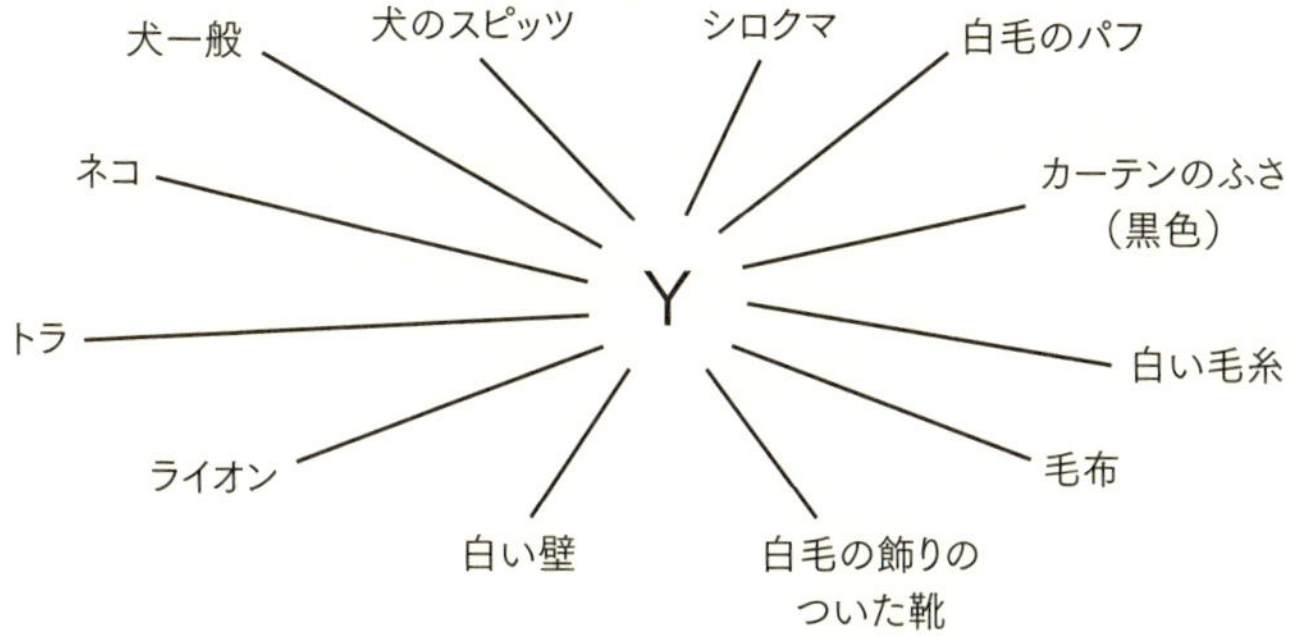

図 4-3　クイズ 2「Y は何のことば？」

犬のスピッツ、犬一般、ネコ、シロクマ、トラ、ライオン……。

動物かなと思うと、白毛のパフや白い毛糸、毛布、白毛の飾りのついた靴も、このことばで呼んでいます。では白いものかというと、白いものとはかぎりません。黒いカーテンのふさまで、Yと呼んでいます。そんなことば、あったかしら……。降参ですか？

では答えをいいましょう。Yは「ニャンニャン」です。えっ？　クイズ1以上に首をかしげられたにちがいありません。

じつはこの「ニャンニャン」ということばは、ある女の子が成長の過程で、次々といろいろなものに般用して使ったことばなのです。発語器官ができあがるより前の段階で、「ニャンニャン」の音声素材をいろいろなものを呼ぶときに使っているのです。しかも、いろいろなものといってもでたらめに呼んでいるわけではありません。スピッツからはじまり、絵本の白犬、犬一般へと広がっていきます。スピッツは白い毛におおわれています。しっぽもふさふさしています。この特徴が、白い毛糸で編んだチョッキや白い壁、カーテンのふさ（黒色）などへと般用されているのです。子どもなりのルールや基準にのっとって、ニャンニャンという音声素材を般用しているところにご注目ください。

発達心理学者の岡本夏木さんは、長女のNちゃんの「ニャンニャン」という発声が記号として成立し、いろいろなものに般用され、猫の呼び名へと限定されていく過程について報告しています（Okamoto, 1962）。この研究に基づいて、「ニャンニャン」の音声の意味がどのように広がり、記号として限定されて使われるようになるのかみてみましょう。

ことばの意味はどんどん広がる――「ニャンニャン」が「ことば」になるまで

◎第1段階

「ニャン、ニャン」「ニャンニャン」「ニャーン」「ナ～ン」

ご機嫌で、ひっきりなしに声を出します。

Nちゃんは7カ月ごろ、おなかがいっぱいで眠たくなく、ご機嫌がよいときに、「ニャンニャン」とか「ニャーン」、「ナ～ン」といった声を出していました。特定のものを指して言っているのではないのですが、機嫌がよいときにこのような音を重ねるような発声「喃語」が見られました。

◎第2段階

「ニャンニャン」「ナンナン」

珍しいものやうれしいものを見つけて喜んで、いろいろな対象に向かって声を出します。

8カ月ごろのNちゃんは、珍しいものや、興味をひくもの、うれしくなるような美しいものを見ると喜んで、さかんに「ニャンニャン」とか「ナンナン」と発話しました。これも特定のものを指しているのではなく、興味や関心をひくもの、色が鮮やかなものなどに向かってこの発話で呼びかけるようになりました。この音声素材を興味がひかれるものに向かって発せられている点が注目されます。

◎第3段階

「ニャンニャン」

犬のスピッツのぬいぐるみに向かって発話するようになると、すぐに桃太郎絵本の白犬を指さして「ニャンニャン」と呼びます。

9カ月になると、いつもだっこしているスピッツのぬいぐるみを「ニャンニャン」と呼ぶようになりました。また、桃太郎の絵本に登場する白犬を指さして、「ニャンニャン」「ニャンニャン」とママに知らせました。スピッツのぬいぐるみを呼ぶ音声素材が、絵本の白犬に般用され、「ニャンニャン」と呼びかけるようになったのです。

◎**第4段階**

「ニャンニャン」

ぬいぐるみやその他の動物など、いろいろな対象に般用して「ニャンニャン」と呼びます。

10カ月~1歳にかけて、Nちゃんはニャンニャンの音声素材をいろいろな対象に般用するようになりました。般用する対象はなんでもよいわけではなく、Nちゃんなりの基準があるようです。四足動物のつながり(系統)で、ぬいぐるみのスピッツから動物のスピッツ、犬一般、ネコ、トラ、ライオン、シロクマなどへと般用されていきます。もうひとつの基準は、白色のふさふさした材質の系統、つまり、ぬいぐるみのスピッツのふさふさしている特徴から、白毛のパフ、カーテンのふさ(黒)、白い毛糸や毛布へ、さらに、白い壁や白毛のついた靴へと広がっていきます。

この段階では、「スピッツはどれ?」「ライオンは?」などと質問するとNちゃんは対象を確実に指さすことができるので、犬、ネコ、トラ、ライオン、シロクマなどの個別名称は理解していることがわかります。しかし、ことばとして発するための器官が発達途上にあるため、自分では発音できないのです。ここに、「理解語の方が発語よりも早く進む」ということばの発達の特徴があらわれています。

第3段階でニャンニャンが特定の対象に結びつけられるようになった後、第4段階で、ニャンニャンが四本脚の動物一般と毛の材質という2つの共通特徴に基づいて般用されるようになりました。

Nちゃんが自発的・選択的にイメージした類似性に従って、自発的・選択的にこの般用が生じている点に、ことばの原型を見いだすことができるのです。

◎第5段階

「ナーン」「モー」「バンビンチャン」……

それまで「ニャンニャン」と呼んでいた動物をそれぞれの名称で呼び分けるようになります。

Nちゃんは1歳で歩けるようになりました。しだいに発語器官ができあがり、いろいろな音声素材を自分でも発音できるようになりました。つまり、これまで「知っていた」ことばを「話せる」ようになったのです。「ニャンニャン」という一語で呼んでいた動物をそれぞれの成人語（正式名称）や個別名称で呼び分けることができるようになりました。

1歳1カ月「ナーン」（猫）、「ナンナン」（犬）、「モー」（牛）。
1歳2カ月「ドン」（自宅の犬の名「ロン」）。
1歳4カ月「ゾー」（象）。
1歳5カ月「バンビンチャン」（バンビ）、「ウンマ」（馬）、「クンチャン」（熊）

第5段階では「ニャンニャン」で一括していた対象の個々の名前を話せるようになったことにより、「ニャンニャン」が使われることが減っていきます。あわせて成人語や慣用語も使えるようになっていきます。

成人語や慣用語が出てきたのは、家族がNちゃんに話しかけたり、訓練するかのように何度もくり返したということによるものも大きいかもしれません。

しかし、このような会話や訓練は以前からおこなわれていたのに、この第5段階になってなぜ効果をもち、急激に成人語が使えるようになったのでしょうか。

岡本さんは、第4段階で、Nちゃんが「ニャンニャン」という共通特徴をもつさまざまな対象にこの音声を般用したという経験をくり返したことによって、しだいに自分の音声を、外界を表現する手段に用いるという「構え（set）」を獲得したのではないかと推測していま す。

つまり、発語器官が形成されるまでの間に、自分では理解していても発音ができないために、同じ音声素材をさまざまな対象を呼ぶのに使うという経験がくり返されるうちに、子どもは自分の音声と外界との（代表的）対応関係を発見したのではないかと思われます。

こうして子どもは物との対応関係を自分で発見し、生成・構成しながら、まわりの大人とのやり取りに支えられて、ことばの世界を拡大していくのでしょう。

◎第6段階

1歳7カ月　「クロネコニャンニャン」（白黒ブチの犬）
「ネコ」（猫）
「ワンワン」（犬）
「ニャンニャンクック」（白毛の靴）
1歳8カ月　「オーキニャンニャン」（ぬいぐるみの熊）
「ニャンニャンチョッキ」（白毛糸のチョッキ）

1歳7〜8カ月で、2つのことばをつなげた「複合語」も発明しました。

「シュピッツ」（実物のスピッツ）

「プチ」（近所のスピッツの名「プチ」）

◎第7段階

1歳9カ月「プチノヤネプチニアゲルワ」

1歳10カ月「ワンワンデショウ」

1歳11カ月「オーキイワンワンワンワンユワヘンワ」

1歳9カ月でNちゃんは、小さくて履けなくなった白毛の靴（ファーストシューズ）をスピッツのプチに差し出しながら、「プチノヤネプチニアゲルワ」（プチのだからプチにあげよう）と言っています。これはとても興味深い発話です。

Nちゃんはかつて、プチのことを「ニャンニャン」と呼んでいました。歩きはじめたときに履いたファーストシューズも「ニャンニャンクック」と呼んでいたのです。Nちゃんは、プチも白毛の靴も同じ名前で「ニャンニャン」と呼んでいたことを覚えているのです。Nちゃんの足は成長してどんどん大きくなったため、〝靴は小さくなり履けなくなった。だから同じ名前で呼んだプチにあげよう〟と言っているのです。

同じ名前で呼んでいたことを記憶していて、名前が同じなら同じ仲間というような分類が始まったからこそ、このような発話が出てきたのではないかと思われます。ことば、名前というものの役割をNちゃんが理解していることにも注意がひかれます。

1歳10カ月で、Nちゃんは、戸外の犬の吠える声を聞いて、「ワンワンデショウ?」とお母さんにたずねています。ワンワンという名称は、呼ぶ対象が見えなくても使えるのです。ことばは、指示対象の「シンボル」として使われているのです。

1歳11カ月には、Nちゃんは大きい犬が家の前を鳴かずに通るのを見て、おどけた表情をしながらユーモアたっぷりの口調で「オーキイワンワンワンワンユワヘンワ」と報告しました。岡本さんは、Nちゃんのおどけた口調と表情から、Nちゃんは「〝ワンワン〟という名前をもっているのに、〝ワンワン〟鳴かないのね」というように同じ音を重ねることば遊びをした、まさに洒落を言ったのだと述べておられます。1歳11カ月で、ユーモアのセンスが芽生えてことば遊びができるとは驚きですね。

また、この段階で、ことばは知識獲得の手段としても働きはじめました。


(隣人よりケーキをもらったとき、ケーキを見ながら)

N「ダレガクレタノ?」
母「しのはらさん」
N「ワンワンイルシノハラサン?」
（絵本のロバを指さして）
N「コレ、ナニウマ?」
母「ロバさん」
N「ロバウマ?」

この会話はNちゃんの認知発達のすばらしさを物語っています。Nちゃんは、馬の仲間に見える動物がなんという名前かをたずねたのです。お母さんが「ロバさん」と答えると、Nちゃんは、「ロバ」の部分をとりだして「ナニ」の部分につけて、「ロバウマ」と合成語を創りだしています。ロバウマは馬の仲間だという、馬がより総称的な上位概念で、ロバは馬の種類のひとつだという下位概念であることをあらわしています。

この会話からは、Nちゃんがことばを使って概念や知識を獲得しようとしていることがわかります。また「馬」と「ロバ」のように概念の階層化が始まっていることも示唆しています。

　こうしてまわりの人との会話を通して、子どもはことばの世界を広げていきます。ことばは自分の感情や考えを表現する手段であり、知識を獲得する手段ともなるのです。

Chapter 5

絵本の読み聞かせ——心に栄養をとどけるいとなみ

タッくんもみぃちゃんも、ママに読み聞かせてもらう絵本タイムが大好きです。ふたりとも0歳から絵本を読み聞かせてもらっていました。ママと2人で、今は3人で手をとりあって絵本の世界を旅します。

1歳半になったタッくんをひざにだっこしたママ。みぃちゃんもママのひざに寄りかかっています。静かな居間に、ママのやさしい声が響き、子どもたちの心にしみわたっていきます。絵本タイムの始まりです。ママの「しゅるるるる」の声にタッくんは一生懸命絵を見つめます。〔あれ、なにかな?〕ママがパッと本をめくると……そこにはねずみさん。ママが「ちゅうちゅう、ちゅちゅちゅちゅ、ねずみさん」と言うと、タッくんも、〔わっ、びっくり!〕と「ちゅうちゅう……」とまねして唱えます。*

またあるとき、みぃちゃんは、タッくんが眠っているあいだに、ママにいつもの『はじめてのおつかい』（筒井頼子作・林明子絵、福音館書店）を読んでもらいました。毎日のようにくり返し、何度も何度も読み聞かせてもらっているお気に入りの絵本です。

いつもは少しがまんしてタッくんにママをゆずってあげますが、今はタッくんがお昼寝をしているので、ママを独占するチャンスです。ママのおひざに座り、ママをひとりじめしてのうれしい絵本タイム。いつも、御用聞きの自転車のところではハラハラドキドキします。しっかり握ったはずの百円玉がコロコロ転がった場面では、ドッキンドッキンという心臓の音が聞こえるほどです。サングラスのおじさんの場面でも手のひらに汗がにじみ、おばさんに押しのけられたときには、みぃちゃんも情けない気分です。やっとはじめてのおつかいができて、転んだときに擦りむいたひざ小僧に絆創膏を貼ってもらい、5歳の「みいちゃん」が冷たい牛乳をおいしそうに飲んでいる裏表紙まで、ていねいにていねいに読んでもらうのです。

（＊しかけえほん『このせんなあに？』武内祐人作、ベネッセこどもちゃれんじ1歳9カ月号より。この本には私も監修で関わらせていただきましたが、しかけのページをパッとめくるとあわられる絵も文章もすてきで、読み聞かせにおすすめの1冊です。）

絵本との出会い

絵本は0歳の赤ちゃんから大人まで、誰もが楽しめるものです。

赤ちゃんにとって、絵本と出会うのはとてもうれしい経験です。赤ちゃんは、絵本にさわり、めくり、引っぱり、ときにはなめたり、破ったりします。絵本は「本」ではなくて、楽しいおもちゃのひとつなのです。

まだこの時期は、絵本のページをめくることもおぼつきませんが、何度もくり返し眺めた絵本の特定の場面が気に入って、「あっ」と母親に知らせたり、指さしたりするようになります。赤ちゃんに読み聞かせをするときは、お母さんはただ文字を読むのではなく、絵本を媒介にして親子でやり取りを楽しんでいただきたいと思います。

赤ちゃん向けの絵本は、絵だけで文字が載っていないものが多いので、お母さんの中には「これでは読み聞かせられない」と思う人もいるかもしれません。でも、最初のうちは、絵本をめくって絵を眺めるだけでもいいと思います。読み聞かせるよりは、「遊ぶ」という感覚を大切にしましょう。絵本の筋に関係なく、「おっきなワンワンだね」「おめめがパッチリしているね」と話しかけたり、「ぽんぽん」「どーん」「ふわふわ」「とんとん」などリズミカルなことばをつけてあげると、赤ちゃんはおもしろがります。

少し大きくなってきたら、ことばの響きを大切にしながら、しっかりと読み聞かせをしてあげましょう。

「大きな桃がどんぶらこ、どんぶらこと流れてきました」

「大判、小判がざっくざく」

このように、リズミカルなことばをくり返す表現は耳になじみ、子どもにも覚えやすいため、すぐに「どんぶらこ」とまねするでしょう。

話の途中で、絵のほうに寄り道してもかまいません。「ちょうちょうが飛んでるね」「赤い服と青い服だね。靴とぼうしはおそろいね」などと、子どもとことばを交わしながら読み進めると、子どもは絵本をより楽しめるにちがいありません。

お子さんが3、4歳になったら、もう余分な解説を加えずに、絵本の文章だけを読み聞かせるようにするのがよいでしょう。その方が、集中してひとつの物語世界を頭の中で思いえがき、イメージをふくらますことができるからです。

5歳ぐらいになると、『おおきなかぶ』（ロシア民話・石田忠良絵、福音館書店）のようなくり返しの文章を好むようになります。また6歳ごろには、センダック作・絵の『かいじゅうたちのいるところ』（冨山房）のようなファンタジーや、かこさとしさんの科学絵本『むしばミユータンスのぼうけん』（童心社）などを好むようになります。子どもの心の成長が、お気に入りの絵本を広げていくのです。

お気に入りの絵本が見つかると、「もう一回読んで！」とせがまれると思いますが、何度でも読んであげましょう。子どもにとってお気に入りの絵本ができるのは、とてもうれしく喜ばしいことなのです。

絵本を媒介にして学ぶもの

アメリカの発達心理学者のA・ニニオは、母親に「なるべく多く名称を引き出すように」という指示を与えて、子どもに読み聞かせをおこなわせました。その結果、母親は子どもの反応や理解度に合わせて名称を引き出すように、方略を変えていくことが明らかになりました。母親のことばかけの変化に対応して子どもの指さしや模倣、出てくるものの名前を呼ぶなどの命名行動が増えることもわかりました。ただしこの研究は、人工的な実験場面で得られた知見です。

もっと自然な絵本の読み聞かせ場面ではどうなるでしょうか？　発達心理学者の外山紀子さんは1歳半〜2歳半の子どもを対象にして、日常の絵本をめぐる母子のやり取りを観察しました。母親は、「これなあに」「そうね、みかんね」などものの名前の発話以外に、子どもの注意を引くように、また絵本場面が楽しくなるように、歌や「ふわふわ」「ごろごろ」などの擬態語、「わんわん」「しくしく」などの擬声語を話すことがわかりました。また母親が感想を言ったり、子どもの気持ちをたずねたり、子どもの生活経験と絵本の場面を関連づける発話など、さまざまなことばをかけていることがわかりました。

母親は、子どもが誤った反応をした場合は訂正することもありますが、訂正して言ったことをまねさせるような厳密なものではありません。母親が読み聞かせていく自然なペースに子どもが身をまかせ、その結果として、名称学習にもなんらかの効果があるという程度のものなのです。

このように、絵本の読み聞かせは、言語発達の側面になんらかの効果があるかもしれませんが、もっと大事なことは、親子の感情の交流にあります。絵本は母親（父親）と子ども、保育者と子どもが感動を分かち合うためにあるといってもよいでしょう。

絵本を読み聞かせるときは、ただ読めばよいのではなく、読む前からすでに、読み手の気持ちが充実していないといけません。絵本は「与える」ものではなく、親と子どもがいっしょに手をとりあって入っていく世界なのです。そのような絵本体験は、単にことばや文字を覚えること以上の意味をもつのです。

このような楽しみを通じて親と子どもの心の絆がしっかりと結ばれ、これを基盤にして、子どもの知性が育まれ、生きる力を与えられたエピソードをご紹介しましょう。

クシュラの奇跡

重い障害をもって生まれたり、なんらかの事情で生まれた後に障害をもってしまった子どもと大人の関わりほど、大人が子どもにしてやれることは何か、教育とは何か、適切な援助とは何かを端的に示すものはありません。絵本が子どもの発達にとってもつ意味も、そういう事例を見ることではっきりととらえることができます。

イギリスの障害児のクシュラの事例を見てみましょう。クシュラは染色体異常による重度の先天的な障害をもって誕生しました。外的には両手とも指が1本多かったのです。さらに心臓に小さな穴が開いており、視覚と触覚の機能が不十分であり、運動機能にも障害がありました。3カ月までのクシュラの発育状況は、あらゆる面で定型発達児よりかなり遅れていました。また、生後たえず病気がちで、苦痛を伴う検査や治療を受けるため入退院をくり返していたのです。そのような子どもであっても活発な知性が育まれたという点で、とても注目されるケースです。

クシュラと絵本との出会いは、生後4カ月時点で、顔をくっつけるようにしてさえやれば対象物がはっきり見えるとわかったときからでした。昼となく夜となく目を覚ましている子どもに、長い時間をどうにかもたせる必要に迫られて、母親はごく自然に絵本に助けを求めたのです。そして9カ月ごろには、かなり長時間にわたって絵本を見せる習慣がつくられていきました。母親が絵本を読み聞かせるときは「クシュラは本を見ようとする意志を示した。全身を耳にして聞いた」のです（D・バトラー『クシュラの奇跡——140冊の絵本との日々』百々佑利子訳、のら書店、1984年；p.15より引用）。

通常は一人遊びにより外界のものやことを体験し世界づくりをおこなっていきますが、クシュラの場合は重い障害があったため、それができません。外界の「もの」や「こと」の体験のためには、大人がつきそって助ける必要があったのです。大人が助けてやらなければどうすることもできないと悟ったときから、親たちは絵本の読み聞かせを始めました。

絵本を読み聞かせる状況は、クシュラにとっては、たえず抱かれたり話しかけられたりしている快さと安心感を与えられるものでした。そういう暖かな、リラックスした状況の中で、わずかに残された感覚——聴覚と視覚、手と口の触覚などを最大限に働かせることにより、クシュラは生後1年間に多くのものを学ぶことができたのです。

4カ月で絵本に出会ったクシュラは、しだいに物語性の高い話の筋を理解し、主人公に共

C「ママ、あのうま、前に見た？」
M「いいえ、どこにいた馬？」
C「うーん、あのね……あのね……えーと、いまは、ちゃんと考えつかないの」
M「クシュラのベッドの上にいたの？」（と、おもちゃの馬を暗示する。母親は近くの牧草地にいる馬のことではないかと思ったが、クシュラにそれをいわせたかったのである）
C「ちがう」
M「クシュラが遊んでたコマについてきた*の？」（＊コマに描かれた絵のこと）
C「ちがうよ！　いまは考えつかないって、言ったでしょ。誰だって、いまは考えつかないってことが、時々あるよ。ママだって、『いまは考えつかないわ』って言うじゃない。きのうの朝、そう言ってたもん」
M「ええ、そうね、ママなんかしょっちゅう、なにがどこにあるか、思い出せないのよ」
C（大声で）「ちがうってば！　思い出せないんじゃない！　考えつかないの！」

図5-1　クシュラ（C、3歳6カ月）と母（M）の会話
（バトラー、1984 ; p.108）

感するようになります。３歳を過ぎると、絵本の文章を片端から暗唱するようになりました。これに呼応するように日常で使う語彙が豊かになっていきました。その語彙の使い方も適切でした。

このころのクシュラと母親の会話例を図５−１に示します。この会話を見ると、クシュラが「考えつかない」と「思い出せない」のちがいを理解しているかどうかは別として、新しい表現にとても敏感で、新しい表現に出会うと、機会あるごとにそれを使ってみようとする彼女の傾向がわかります。このような傾向は多かれ少なかれ、どの子にもあるものです。

こうして絵本を手段にして、クシュラは幼いころから何度も死の淵に立つような経験をくり返しながらも、水準以上の知性を育んでいったのです。

重度の障害にも関わらず、このように言語・認知の面で水準以上の発達を遂げることができたのは、愛情と援助が一貫して与えられる環境で、〝ことばと絵の宝庫〟である絵本にふれたことによるものと推測されます。クシュラの祖母のバトラーは、そのようなクシュラの発達を可能ならしめたものは、「両親が『クシュラを愛し、クシュラが自立する日にそなえて、喜んで〝クシュラの目となり、手となった〟人々とたえず親密な接触をもった経験こそ、未来へのもっとも力強い希望の源なのだ』（p.110）ということについて直観的な信念を抱いていたことによるものだ」と述べています。

定型発達児なら周囲の環境にあわせそれとわからぬうちに速やかにやり取りし、自らあらゆる体験をものにし、利用する感覚を備えています。そうした場合には、環境の刺激が重要であること、また、その刺激を媒介してくれる人がいかに重要かは気づきにくいのです。絵本が子どもの発達に寄与し、そして大きな慰めになることを子どもが知るには、クシュラの両親のような身近な大人の存在が不可欠なのです。

絵本からの贈り物——生きる力が与えられる

幼児初期の絵本で語られる出来事は、私たちの日常や現実とかけ離れた世界、体験からは想像もできないような「絵空事」の世界に私たちを遊ばせてくれるものではありません。

「今の」自分の経験を整理する枠組みを与えてくれるものなのです。

それだけではありません。絵本はやがて、聞き手の体験を越える世界への橋渡しにもなります。人はすべてを自分自身で体験することはできません。他人になり変わることもできません。しかし、昔話を聞き、自分でも物語を生成することによって、登場人物たちが自分にかわって、難題を解決し、欠けているものを補う「さま」を見せてくれるのです。これにふれることで、未知の現実を想像し、他人の気持ちを理解する糸口を与えられるのです。

ある「こと」を別の文脈に組み込んでみることで、そのことは客観視できるようになります。新しい局面が見えてきて、解決する方略や手順を手に入れることすらできるようになるのです。

絵本や物語は、人生の陰の面を垣間見させてくれます。クシュラの事例を報告した祖母のバトラーは、「クシュラを愛し、無力なクシュラの手足となって、クシュラに世界を見せようと努力した大人たちも、それぞれに貢献してきた。だが、ひょっとすると、クシュラしか知らない暗くて寂しい場所へお供をしたのは、本のなかの住人にほかならないのでは、と思う」（p.116）と述べています。

ときには、現実では不可能なことでも、物語世界では子どもの欲求や願望が実現されるのです。次のエピソードに見るように、絵本から〝生きる力〟すら与えられるのです。

◎ベッテルハイムの「奇跡」

アメリカの児童精神科医のベッテルハイムは、重度の情緒障害児の治療と教育にあたっているときの「奇跡」を報告しています（B・ベッテルハイム『昔話の魔力』波多野完治・乾侑美子訳、評論社、1978年）。

ある子どもは注意欠陥・多動性障害（ADHD）という症状があり、じっと座っていられずにうろうろと歩き回ったり、ちょっとしたことでかんしゃくを起こす傾向がありました。いろいろな治療をしてもまったく効果がなかったそうです。

ある日ベッテルハイムが、病室に数冊の絵本を持って入ると、その子どもは、ふっとこちらを見ました。そこで、「読んであげようか?」とベッテルハイムが絵本を読み聞かせてみると、ふだんはじっとしていられない子どもが、少しも動かずに聞いていたのです。ベッドに座って絵を見つめ、ベッテルハイムの声にじっと耳を傾けていたそうです。

次の日も、また次の日も、その子は同じ絵本を選びました。それから毎日、毎日、ベッテルハイムは同じ絵本を読み聞かせました。そして1カ月が経ちました。すると、ひと月の間にその絵本を味わい尽くしたのか、その子の興味は次の本に移っていきました。そのようなことをくり返しているうちに、その子どもはかなり落ち着いてきて、症状がすっかり改善されたのです。この症例からベッテルハイムは絵本に「魔力」すなわち、「子どもを癒やす魔法の力」があると実感したのです。

障害をもつ子どもたちに絵本を語り聞かせたことによって、子どもたちが自分の問題を解決し、しだいに癒されていったというのです。本が治療の糸口になったのですね。重度の障害をもつ子どもたちは、最初は物語のごく一部しか理解できませんが、やがて自分にぴったりの主題を扱った話に目を輝かせたり、ちょっとした仕草で自分がそれを気に入っていることを表現するようになるというのです。そしてそのお気に入りの話を何度もせがむようになり、心が満たされると次の話へと移っていくそうです。

ベッテルハイムは、子どもたちがさまざまな主題の昔話にふれることにより「自分が生きているのは意味のあることだ」ということを感じとれるようになることが、癒されるきっかけになったのではないかと推測しています。また、そのような実感をもてた子どもには、それ以上格別な手助けはいらないほどであったということです。

たとえ同じ本であっても、そこから子どもが受け取る心の栄養は、日々ちがったものになるのでしょう。子どもは昨日とはちがった感触を味わいながら、毎日新しい発見をしているはずです。その本を卒業するまでくり返し読み聞かせ、子どもの心に十分に栄養を与えてあげてください。

また、読み聞かせをするときは、テレビを消して、子どもがお母さんの声に集中できるようにしましょう。

何より絵本の読み聞かせは、お母さんと子どもが心を通い合わせるチャンスです。お母さんの声を聞きながら、絵本の世界へ入っていく、それは2人だけで共有できる幸せな時間なのですから。

◎私が心がけてきたこと

この章の終わりに、これはまったくの余談となりますが、私自身の一人娘の子育て経験を少しお話しさせていただきます。模範となるような子育てはしてこなかった私ですが、できるだけ心がけ、実行してきたことがあります。

それは娘に対して、幼い赤ちゃんのころからひとりの人として敬意を払い、大人に対するのと同じように、いやそれ以上に、その人格を大事にしてつき合ってきたつもりだということです。ともに人生を歩んでいく人として、より高いもの、より美しきものをひとりじめするのでなく、彼女と共有したいと願い、実行してきたように思うのです。

そしてもうひとつ心がけたのは、平和を願う心を育てたいという願いを日々の暮らしの中で実現しようとしたことです。彼女には、〝二度と戦争を起こしてはならない〟という願いをもち、平和な世界を築くことに努力を惜しまない意志をもてる大人になってほしいと願い、思春期のころには広島の平和記念資料館や長崎の国立長崎原爆死没者追悼平和祈念館などをいっしょに訪れました。親子とも涙し、ことばもなく、ただただ戦争の悲しさと恐ろしさを前に佇む旅でした。

絵本の読み聞かせは、乳児期から児童期の終わりまで、ずっと続けてまいりました。平和教育につながる本は彼女の成長に応じて用意しました。小学校のころには、松谷みよ子の『ふたりのイーダ』(講談社)やアンネ・フランクの『アンネの日記』(文藝春秋)、さらに高校時代にはヴィクトール・フランクルの『夜と霧――ドイツ強制収容所の体験記録』(みすず書房)なども読み合い、話し合いました。現在、娘は小児科医として、障がいのある子どもたちに寄りそい、まごころを込めて子ども中心の診療に力を尽くしています。

0歳の赤ちゃんから大人まで、誰もが楽しめる読み聞かせの時間を通じて、親から子へ、次の世代へと大切な心の栄養が受け継がれていくことを願ってやみません。

Chapter 6

子どもを取り巻く新たな問題――スマホに子守をさせないで

ママとみぃちゃん、タッくんの3人で、電車でお出かけをしました。タッくんはバギーに乗り、みぃちゃんはしっかりママの手を握っています。対向列車とすれ違うときに、突然大きな音がして、びっくりしたタッくんは泣きべそをかきました。みぃちゃんは「タッくん、タッくん、大丈夫よ」とあやします。ママがタッくんを抱き上げました。ママの胸に抱かれてやっと安心したタッくんでした。みぃちゃんはママの隣で、タッくんに話しかけています。こうしてふたりのきょうだいを連れての電車の外出は大成功でした。

帰宅すると、ちょうどNHK・Eテレの『おかあさんといっしょ』が始まったところでした。

手を洗い、うがいをしてからテレビの前に座り、みぃちゃんとタッくんはテレビをいっしょに観ました。ママもふたりの後ろに座り、「パジャマでおじゃま*」を楽しそうに観ているふたりの様子をうれしそうに眺めていました。

子どものテレビタイムには、ママは話しかけず、子どもたちが「ね！」とママのほうを振り返ったときだけ笑顔でうなずきました。

（*筆者が1980年頃に幼児初期の子どもを対象にした番組として共同開発したものの一つです。参考図書：白井常・坂元昴（編）『テレビは幼児に何ができるか――新しい幼児番組の開発』日本放送教育協会、1982年）

スマホに子守をさせないで

電車の中でバギーにお子さんを乗せて友だちとさかんにおしゃべりしているママたちがいます。流行りのファッションでおしゃれしたママたちはおしゃべりに夢中です。やがてひとりの赤ちゃんがむずかりはじめました。それにつられて隣のバギーの赤ちゃんも泣き声をあげました。すると、ママたちは、すぐにスマホ（スマートフォン）を赤ちゃんの手に握らせました。もうひとりの赤ちゃんにもスマホがわたされました。どちらの赤ちゃんも泣き止んで、スマホをくいいるように見ています。

このごろ、こんな光景をよく見かけます。子ども向けのアプリだからといってスマホを子どもに持たせたまま長時間画面を見せ続けるような使い方は、赤ちゃんの心身の発達にとってよくない影響を与えてしまいます。

たしかに、スマートフォンやタブレット端末、パソコンは情報を得るためのツールとしても、コミュニケーションのツールとしても、大人にとっては、非常に便利で有用な道具です。母親たちがスマホを手放せない気持ちはよくわかります。子どもが泣き止むようなアプリもあったりするので頼りたくなる気持ちもわかります。しかしながら、その利便性の裏に潜むスマホ特有の弊害もあることを認識し、子育て真最中の親は特にその使い方に注意を払う必要があります。

赤ちゃんにおっぱいを飲ませながらスマホをいじっているお母さんを見かけることもあります。お母さんの注意はスマホに向けられているため、授乳ホルモンのプロラクチンの分泌が悪くなり、おっぱいの出が悪くなります。赤ちゃんが〝おっぱい出ないよ〟というように「うんうん」と声をあげ母親にサインを出しても、おかまいなしでスマホをいじり続けているお母さんもいます。

公園で、猫に気づいた赤ちゃんがびっくりしてお母さんに「あれなに？」の問いかけの表情を向けたとしても、スマホに気をとられているお母さんは「大丈夫、ニャンニャンよ」と答えてあげることができません。

　また、つかまり立ちのできた赤ちゃんが、「ママ、見て！」と得意げにお母さんの方を向いたとしても、スマホに夢中になっているお母さんは気づくことができないかもしれません。そのとき、赤ちゃんはどんなに残念な気持ちになるでしょうか。親としても、赤ちゃんの日に日に成長していく瞬間を見逃してしまうことほどもったいないことはありません。

　スマホの中の情報は待ってくれても、子どもの成長は待ってはくれません。スマホはぜひわきに置き、「すごいね！　たっちできたのね！」というように、子どもといっしょに笑顔になれる瞬間を、たくさんつくっていってください。

　乳幼児のお母さんがスマホに多くの時間を割いてしまうと、たとえ同じ時間や空間を赤ちゃんと共有していても、お母さんの注意は画面に集中してしまい、赤ちゃんの姿が目に入りません。赤ちゃんの目を見て、声をかけたりあやしたり、様子を見守ったりするという、母と子の大事なコミュニケーションの機会が奪われてしまうのです。

テレビとのつき合いかた

　テレビが子どもに与える影響については、さまざまな意見があります。２歳以下の子どもには見せない方がいいという見方もありますが、そうなると親もテレビのない生活を強いられることになります。これだけテレビとの関わりが密接になっている今、テレビをまったく見ない生活を送るのは難しいでしょう。

あまり神経質になる必要はありませんが、テレビが子どもにさまざまな影響を与えているのも事実です。

あまり長時間テレビを見せていると、ことばの発達が遅れたり、友だちとうまく遊べなくなるなどの弊害も出てきます。長時間雑音の中に放っておかれると、人の声に関心を示すことが少なくなります。親子の会話の機会も奪われてしまいます。お母さんと直接やり取りする時間が短いために、お母さんとの心理的な絆（愛着）をつくるのが難しく、その結果、人とのつき合い方の基礎を育めず、ことばや知能の発達も遅れてしまうことにもなりかねません。

生後3〜4カ月の赤ちゃんも、50％以上がすでにテレビを見ています。もちろん、赤ちゃん自身がテレビのスイッチをつけてチャンネルを選ぶわけではありません。お父さん、お母さんが選んだ番組を見ることになりますが、ときおり、大きな音や聞きなれたコマーシャルのフレーズなどに反応して画面を見つめる姿が観察されます。テレビの内容を理解できるようになるのはまだ先ですが、すでにテレビの影響を受けているといえるでしょう。

映像メディアの理解に必要な視聴技能

テレビには活字のメディアとちがう映像化の技法があります。幼い子どもは、視聴技能が伴わないため、映像メディアに対してとんでもない誤解をすることがあります。ナメクジを大写しにしたものを「アザラシ」と思い込んだり、小さいひよこを写し、次に別の角度から接写すると別の大きなひよこが登場したと思ってしまったりするのは序の口です。

テレビなど映像の演出には、あるシーンから別のシーンへと場面を区切ってつなげる「カット」、時間の流れを逆転させる「カットバック」、カメラがある画面の一方の端から他方へ徐々に移行する「パン」、遠くの映像が徐々に近づいて拡大する「ズームイン」、逆に大きな映像がしだいに小さくなる「ズームアウト」等の演出技法が使われています。

これらの技法は現実の世界の何かを象徴し、全体と部分、場所や時間の変化などを表現するための表現方法なのです。幼い子どもがテレビやDVDの映像を理解できないのは、これらの表現方法を読み解くための技能が発達していないことによるのです。

子どもは、特に時間の順序を乱すカットバックが理解できません。時間をさかのぼって過去を回想するシーンや、ファンタジーで使われる「夢の中の出来事」が理解できないのです。

大人は夢の中の出来事を理解するときには、まず、夢から覚めた場面で時間の流れをとめて夢を見はじめた過去の場面にパッとさかのぼり、その後に続く夢の中の出来事をたどりなおし、現実の間の不思議な出来事が夢だったのだと理解します。ここでは、結果を見て、その原因を過去にさかのぼって推論する手段、「可逆的操作」が使われているのです。

時間の順序にそって出来事が展開されれば、3歳でも理解できます。大人である母親が理解できても、幼児には理解できないことに配慮して、番組を選んでいただきたいと思います。子どもの映像理解に適切ではない演出の映像は子どもの脳を萎縮させてしまうことが明らかになっています。

早期教育用DVDの弊害

アメリカでおこなわれた大がかりな調査では、知能開発や言語発達を促す早期教育のDVDも時期と使い方を間違えると赤ちゃんの脳にとんでもないダメージを与えてしまうことが明らかになりました。

認知心理学者のジンマーマン、メルツォフ、さらに小児神経医のクリスタキスは、満期出産で健康な赤ちゃんをもつワシントン州とミネソタ州の母親1800名を対象にして、乳幼

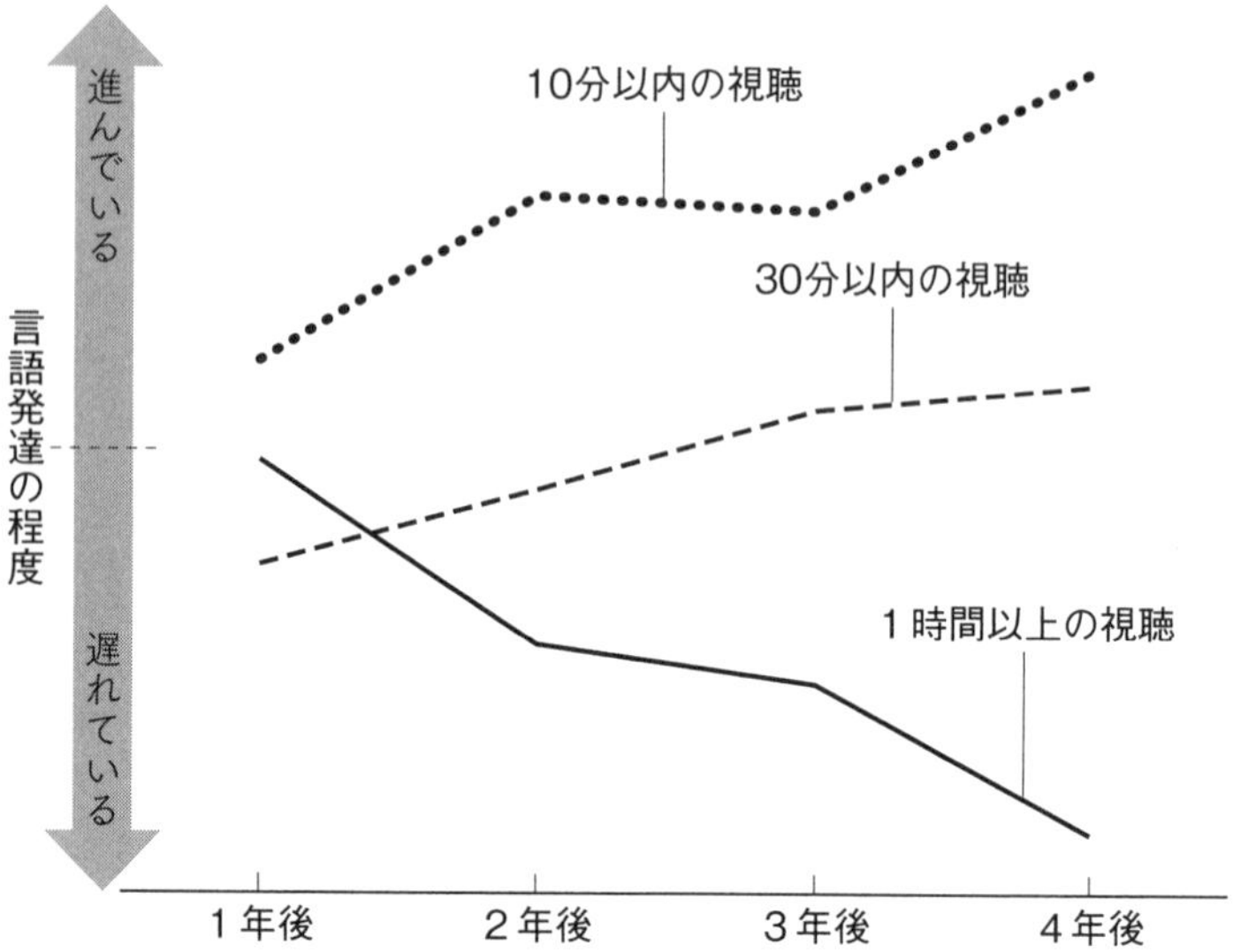

図6-1　テレビやビデオを長時間見ると言葉の発達はどうなる？

児向けテレビ番組や、早期教育用DVD教材の視聴の影響を調べました。同じ親たちと子どもを6年間追跡したところ、図6-1のような結果が出てきました。約3分の1の子どもは言語発達や認知の発達がどんどん遅れていきました。また別の約3分の1の子どもは3歳ごろまでは言語や認知の発達に遅れがありましたが、やがて持ち直し、平均並みの発達を遂げました。残りの約3分の1の子どもは、言語や認知も順調に発達しました。この子たちに何があったのでしょうか？　赤ちゃんのころの生活時間を調べてみたところ、言語や認知の発達が遅れていく原因がわかりました。

言語発達や認知発達がどんどん遅れてしまった子どもたちは、生後6カ月から1歳6カ月までの12カ月間、1日に1時間以上も早期教育のDVDを見せられていたのです。3歳以降に遅れを取り戻した子どもたちは、同じ早期教育のDVDを平均30分以内の範囲で見せられていたということがわかりました。この子たちは、音と光の強烈な演出のDVDがかかるといやがって泣き出したり、顔をそむけたりしていました。また3歳ごろには、自分でビデオ装置を操作してDVDを止めたり、別室に逃げ出して難を逃れたことがわかりました。

言語発達や認知発達が順調に進んでいる子どもたちは、このようなDVDは見せられたことがないことがわかりました。彼らは遊びが大好きで、テレビなどまったく見ないか、見たとしても10分以内の子どもたちでした。

研究者たちが言語発達や認知発達が遅れてしまった子どもたちの脳活動を調べたところ、ことばを理解する大脳の言語野「ウェルニッケ野」が萎縮してしまっていることが確認されました。親がよかれと思って与えた早期教育のDVDは、子どもの脳の萎縮まで起こしてしまったのです。とんでもないことですね。

この調査結果が発表されたことで、この早期教育のDVDを販売している会社は親たちからDVDをすべて回収し、購入代金を返金しました。

ところが残念なことに、日本ではこの早期教育のDVDが最近まで販売され続けていました。英語を早くしゃべれるようになるのではないかと〝勘違い〟した親たちや祖父母が誕生祝いなどにプレゼントしているのです。このDVDにさらされた子どもたちは、知能や言語の発達が遅れてしまうことになるでしょう。ひどい場合には、脳萎縮も引き起こしてしまうかもしれないのです。

子どもの理解には生活体験が不可欠

子どもが新しく物事を学ぶためには、すでに知っていること、わかっていることと関連づけなくてはなりません。このことはテレビについても同じです。テレビの映像を見て子どもがおこなうことは「再確認」です。子どもの経験にないことがらを映像から新しく学ばせることはとても難しいのです。

私は以前、幼児向けの科学番組「サンゴ礁について学ぶ」を保育園児が視聴するのを観察したことがあります。このとき、サンゴを見たことのない子どもたちにとっては、画面の白いサンゴは動かない「石」として背景に沈んでしまい、目に入らなかったようです。子どもたちの注意はその前を泳ぐ、色とりどりの熱帯魚の動きに引きつけられてしまい、「あっ、おさかな」「きれいなおさかな」「カニさんもいる」などと、サンゴ礁の前を動く魚の方に気をとられてしまっていました。

このことは、たとえ教育目標がきちんと設定された番組でも、子どもたちの経験を土台にして理解できる題材が扱われていないときには、ねらいどおりの効果は期待できないことを物語っています。

一方、映像やテレビの視聴が経験を深くすることもあります。梅雨の時期に園庭でカエルをつかまえ、保育室の水槽で飼いはじめた子どもたちが、「カエル」という自然番組をビデオで見たことで、カエルの足の吸盤が水槽の壁面に張り付いているのに気づいたり、鳴くときにのどがふくれることを発見するなど、カエルの見方がより細かくなることもありました。

さらに、子どもは何かを「おこなう」ことによって学習します。ことばを発達させるには、聞くだけでなく話すことが必要なように、親子で番組内容をめぐって話し合ったり、番組の中で扱われた題材を遊びの中に生かすことができれば、孤独を癒す以上のことをテレビなどの映像メディアに期待することもできるのです。

そのためには親が同じ番組をいっしょに見て、子どもの意図やイメージを共有してあげることが必要です。

低年齢であるほど、実際の経験と視聴経験をつなげるために、共同視聴し、適切な援助を与えてくれる大人の存在が必要なのです。いずれにしても、テレビだけ見せておけば子どもが何かを学習するということはありません。

映像メディアの強みを生かす

絵本と映像メディアのちがいは、動きが目で見てわかるという点にあります。子どもの注意は動くものにひきつけられるため、動きは子どもの学習を助けてくれるのです。また、動きとことばと音楽などが連動した映像は、子どものさまざまな感覚に訴えるので記憶しやすくなるという利点もあります。

テレビの映像で物語を見た子どもと、絵本の静止画像で物語を読み聞かせられた子どもを比較すると、映像を見た子どもの方が、視聴後、物語についての質問に行為の情報をより多く使って答える傾向があり、多くの情報を記憶していたことがわかりました。

映像の強みが発揮される領域もあります。手遊び歌などは、手順を説明するより実際に映像を見た方がわかります。また、植物の成長過程などは映像で示す方が、いくらことばで補ったとしても、変化の過程を静止画像で示すよりはるかに理解しやすいでしょう。

さらに、美しい娘の口がみるみるうちに耳まで裂けて「やまんば」に変身する様子は、いかに細かくことばで描写しようにも、映像の強烈なインパクトを越えることはできないでしょう。

種が発芽してやがて花が開く様子も、高速度撮影で短時間に縮小して見せたり、逆にすばやい動きを微速度でゆっくりと見せるなど、さまざまな技法が私たちの認識の広がりを助けることは日常経験していることです。子どもの認識の発達に映像メディアの利点を上手に生かしていきたいものですね。

共同視聴のススメ

テレビは、「ほどほど」がいちばんです。ぜひ、小さいころからテレビとの上手なつき合い方を身につけられるように大人がサポートしてあげましょう。

まず、子どもは2つのことに注意を向けられませんから、テレビを見るときはテレビに集中できる環境を整えます。たとえば食事中にテレビがついていると、そちらに気をとられて箸が止まってしまいます。食事中はテレビを消すこと。そのためにはお父さん・お母さんもテレビをつけっ放しにしないようにしましょう。

こういう話をすると、「子どものために楽しみを奪われる」と嘆く親がいるのは残念なことです。大人は見たい番組をビデオに録って、子どもが眠った後にゆっくりと気兼ねなく見ることをおすすめします。

何より、テレビを消すと子どもとの会話が生まれます。親が子どもといっしょに過ごせる時間は長いようでいて短いので、今子どもといっしょに過ごす時間を最優先してほしいと思います。

また、テレビ番組は親が選んであげる必要があります。まだ情報処理の力がない子どもに望ましい番組としてのポイントは、次の3点です。

1. 画面がシンプルであること
2. 子どもの生活に関連したテーマを扱っていること
3. ことばがはっきりしていてゆっくりしたテンポであること

ただし、子どもはテレビだけでは知識を習得できません。子どもは体験してみて、はじめて学習できるのです。何よりも子どもの生活体験が豊かで、五官を使った遊びをたくさんしていることが、テレビ視聴の弊害を少なくする前提となります。

子どもがテレビを見ているときはお母さんもいっしょに見るように心がけ、子どもが画面を指さして興味を示したら、黙ってうなずくか、「ブーブーね」「かわいいニャンニャンね」

などと、子どもの反応を受け止め、共感するようなことばをかけてあげるとよいと思います。

4歳ごろまでの子どもは、ただ画面を見ているだけでは、それが何なのか理解するまで時間がかかります。カットを多用した演出も理解できません。おもちゃで遊びながら、ときどき画面に視線を走らせて流れが理解できるようになるのは5歳後半すぎのことです。それ以前の子どもは見たものしか理解できず、遊びながらテレビを見るというような見方、「ながら視聴」はできないのです。

テレビも使い方によっては親子のコミュニケーションを生む道具にもなるのです。効果的に活用したいものですね。

スマホもテレビも、それ自体が子どもの発達に悪影響を与えるものではありません。親が主体となって、子どもといっしょに楽しむような応答的な関わりの中で、上手に取り入れていきましょう。

Chapter 7

遊びで広がる想像のつばさ――毎日が「発想」の実験日！

みぃちゃんはおままごとが大好きです。おうちでも、幼稚園でもおままごとをして遊んでいます。

ある日、年少組のお友だち、まきちゃんと、幼稚園のお砂場でおだんごをつくって、お砂場のふちに並べていました。担任のゆきこ先生がそばをとおりかかったので、みぃちゃんは、ゆきこ先生に「おだんごどうぞ」とひとつプレゼントしました。ゆきこ先生は、「ごちそうさま」と言っておいしそうに食べるまねをした後、「あら、クリームのあじがしますね」と言ったのです。

「えっ、クリームのあじ？」

びっくりしたみぃちゃんは、ママとおだんごを食べたときのことを思い出しました。そして、「このおだんごには　あんこが入っているの」ともうひとつゆきこ先生にあげました。これを聞いたまきちゃんは、「このおだんごにはきなこがついてるの」と別のおだんごを差し出しました。お友だちが次々やってきて、イチゴのおだんご、チョコレートがついたおだんご……と、いろいろなだんごを想像しはじめました。そこでゆきこ先生は、「みんなのおだんご、おいしいね。たくさんいただいて、わたし、のどがかわいちゃった。コーヒーがのみたいわ」と言いました。

みぃちゃんは「えっ、コーヒー？　こーひーって、どんなんだっけ」と、一生懸命考えました。「あっ、パパが、朝のんでいるのがコーヒーだ。みぃちゃんにはにがくてのめないけど、パパはおいしいって言ってる」と思い出しました。そして、紙コップに水をそそぎ、砂をいれてスプーンでかきまわして、「先生、おまちどおさま。コーヒーできました」。先生は「ごちそうさま。みぃちゃんのいれてくれたコーヒーはおいしいですね」。

まきちゃんは、紙コップにお水をそそぎ、少しだけ砂を入れて「こんどはジュースをどうぞ」と差し出しました。ジュースということばを聞きつけて、男の子たちもあつまってきました。おだんごをつくる人、のみものをつくる人、お客さん役の人など、自然と役割がわかれ、楽しいレストランごっこが始まったのでした。

ゆきこ先生が子どもたちには目に見えない「クリームのあじ」と言ったことがきっかけ

になり、子どもたちは想像のつばさを広げて、レストランごっこが展開したのです。こうして幼稚園では毎日のようにごっこ遊びがおこります。

まわりのもの、すべてがおもちゃ

遊びというと、大人はつい、おもちゃで遊ばせることを考えてしまいがちです。おもちゃを与えれば子どもは興味をもち、上手に遊んでくれると思ってしまいます。しかしながら、せっかく買ったおもちゃには見向きもせず、ティッシュペーパーを箱から次々にぬいて大喜びする子どももいます。

子どもにとっては身のまわりのものすべてが「おもちゃ」です。わざわざおもちゃを買い与えなくても、子どもは遊びを発見する天才です。「遊ぼう」と身構えるのではなく、大人は子どもがしていることに合わせてあげるだけでいいでしょう。

3章でもお話ししたように、1歳を過ぎたころから、子どもは過去に経験したことを頭の中で思い浮かべられるようになります。たとえば、空き箱を「ブーブー」と言いながら動かしているときは、頭の中では自動車を思い浮かべています。

こうした遊びは、子どもの豊かな「発想」の元になっていきます。

このとき、まわりの大人が「この子は車が好きなんだ」と車のおもちゃを次々に買い与えると、発想の芽を摘むことにもなってしまいます。何もないところから何かを生み出す、そのプロセスはとても大切です。大人もいっしょに空き箱を使って遊んであげましょう。

子どもが自分から取り組んで、一生懸命に遊んでいるときは、途中でやめさせたりしないで、満足するまで体験させてあげましょう。満足するまでたっぷり遊べたら、子どもは次へ進みます。遊びの中にも子どもが成長するステップが含まれているのです。

子どもにとっては、毎日が「発想」の実験日で、次々と遊びを発明していきます。お母さんやお父さんは、「待つ、見守る、急がない、急がせない」を心がけて温かく見守り、子どもの興味を共有してみたら、いっしょに楽しい時を過ごせると思います。

子どもにとって遊びは生活そのものであり、自分を表現する方法です。自分でするから楽しいのでしょうし、その楽しさの元になるのは自分の内から湧き出てくる好奇心でしょう。

積み木を買ってあげても、横一列に並べたり、カチカチ打ち鳴らしたりして、本来の使い方とはまったくちがう遊びをする子どももいます。それでも、すでに遊びは始まっています。ここで大人が「積み木は積んで遊ぶもの」と教えてしまうと好奇心が薄れてしまいます。積み木は知育にいいといわれているので、「豊かな発想をもつ子に、手先が器用な子にしたい」と買い与える親御さんもいるでしょうが、効果はあとからついてくるようなものです。最初に「目的ありき」では、それこそ子どもの自由な発想を奪うことになりかねません。この時期に型にはめてしまうと、せっかくの柔軟な発想を邪魔してしまうのです。

やがて、積み木をひとつずつ積んでいくおもしろさに気づくでしょうし、「高い塔を作ろう」と自ら掲げた目標に向かって真剣に取り組むようになります。おもちゃを与えたら、後は子どもの自由な発想にまかせましょう。

もし積み木を投げつけたりしたときは、「人に当たったら痛いから、ポンしないでね」ときちんと言い聞かせれば、わかってくれるはずです。

お気に入りの遊びで「集中力」がつく

おもちゃで遊んでいてもすぐに飽きてしまう、次々にちがうおもちゃで遊んでいる……こうした光景を見ると、「集中力がないのでは?」と心配になる親御さんもいるでしょう。

1歳前後の子どもは、ひとつのものにじっくりと取り組むのはまだ無理のようです。ひとつに集中できないから、ほかに目移りしてしまうのです。子どもとはそういうものですから、あまり気にする必要はありません。

子どもはひとつお気に入りのものが見つかると、飽きずに遊んでいます。ラップの芯やペットボトルが大のお気に入りの子どもは、そこらじゅうをポンポンたたいて遊んだり、転がしたりして喜んでいます。大人が考える枠組みからはずれていたとしても、「こんなもので遊ばないで」と取り上げたりせず、気が済むまで遊ばせてあげましょう。

限られたおもちゃから新しい遊びを考えるのは発想力を養うチャンスですし、集中力も高まります。今ある素材を上手に活かして、子どもの集中力を少しずつつけていきましょう。

子ども同士の遊びは「社会体験」

子どもはさまざまな経験を積み重ねて、知識を自分のものにしていきます。子どもの頭の中にある体験や知識は、ひとつひとつがバラバラで、ちょうど海に点々と浮かんでいる島のようなものです。ずっと同じ体験を続けていると、その島はバラバラのままですが、今までとちがう体験を重ねることで、島と島の間がつながって子どもなりの世界がつくられていくのです。

島をつなげるためにも、年齢の近い友だちとの遊びは重要です。同年代の友だちと遊ぶ中で、自分とはちがう欲求をもつ他者とぶつかり、相手の気持ちがわかったり、自分の言い分が通らず悔しい思いをしたり、互いに助け合ったり、そうやって、人とのつき合い方や自分自身をコントロールすることができるようになっていくのです。また、子ども同士で遊びのルールを作るかもしれません。仲間と遊びながら「あの子は大きいけど、ボクは小さい」「でも、ボクの方が速く走れる」など、自分と他の子のちがいに気づくチャンスでもあるでしょう。自分と人とはちがうことに気づき、受け入れるところから子どもは大きく成長していきます。

じつは3歳から4歳にかけての遊びは、将来、社会になじめるか、なじめないかという点に影響しているといわれています。

3、4歳ごろはとかく自己中心的で友だちとうまく関われないことも多いものです。おもちゃをひとりじめしているときなどは、友だちに貸してあげるよう促したり、おもちゃを貸してもらったときには「ありがとう」と言葉をかけ、いっしょに遊べるよう、親御さんが仲立ちをしてあげてください。5歳ごろから友だちの気持ちもわかるようになるので、自分勝手な欲求を抑え、がまんすることもできるようになります。友だちと遊ぶ楽しさが味わえるようになり、仲間意識も育っていくでしょう。遊びの中で状況を判断し、友だちと関わる経験が、大人になって社会に出たときの行動の基礎となっているのです。

遊びの中で「論理的思考力」が育まれる

みぃちゃんの幼稚園は自由保育の幼稚園です。登園して保育室に入ると、まず保育室のすみの水道で手を洗い、うがいをしてから、好きな遊びをします。おままごとや砂場でのダムづくり、庭の端っこにあるすべり台でも遊びます。

みぃちゃんの幼稚園には大きな池があり、赤や白、錦のコイがたくさん泳いでいます。エサやりは、年長組のお当番さんの役目です。お当番さんがコイにエサをやっているのを、みぃちゃんとまきちゃんはおもしろそうに眺めることもあります。

ある朝のこと、池のそばに立っていた年長組のまさおくんが、コイを数えはじめました。みぃちゃんは「おもしろそう」と見ていました。「いち、に、さん、し……」、どんどん数が増えてきたところで、「あっ　だめ」、「もう一度」と何度も数え直しをしています。まさおくんは、「コイ、動いちゃう、だめだな……」とぶつぶつ言っていましたが、突然ひらめいたように「あっ、いいこと考えたぞ」と言って走っていくと、いつもの遊び仲間のあきら、つとむ、かずきの3人を連れて池に戻ってきました。まさおくんは、「ね、コイって動いちゃうだろ。だからみんなで、いっしょに数えたらいいんじゃない。コイって手をたたくとよってくるよね。自分のところによってきたのを数えたらいいじゃん」と提案しました。４人で分担して数える！　なんてよい考えでしょう。この提案を受け入れた3人は、池の端っこにそれぞれ離れて立ちました。みな手をたたきました。コイが近寄ってきます。自分のところに近寄ったのを、急いで数えるのです。

まさおくん「17ひき」、あきらくん「15ひき」、つとむくん「ぼく、18ぴき」、かずきくん「14ひきだ」と口々に報告しました。さて、「ぜんぶでなんびき？」……みな困って顔を見合わせました。

そのとき、担任のきょうこ先生が、まさおくんにそっと近づき、「これなら動かないいんじゃない？」と庭の小石をひとつ拾って手渡しました。まさおくんは、わたされた小石をじっと見つめ、大きくうなずきました。そして、急いで小石を17個拾いました。これを見た残りの子どもたちも、同じように、あきら「15個」、つとむ「18個」、かずき「ぼくは、14」。今度はみなで声をそろえて、拾った石を数えました。「イチ、ニィ、サン……ロクジュウヨン、石は全部で64個だから、コイは全部で64ひきなんだ！」と叫びました。

（国立大学法人N附属幼稚園の年長組の事例より：内田伸子他（2015）「乳幼児の論理的思考の発達に関する研究―自発的活動としての遊びを通して論理的思考力が育まれる―」『保育科学研究』第5巻、131-139頁に基づき作成した。）

遊びの中で子どもは頭を働かせます。

みぃちゃんの幼稚園では年長組の子どもたち4人が、池のコイが何匹いるかを数えようと挑戦しています。4人で分担してそれぞれの数を数え、4人の数を合わせたら全体の数になることまで推理しました。しかし、どうやって合わせたらよいだろう?と困っていました。その様子を見ていた担任の先生は、庭の小石を拾って、「これなら動かないんじゃない?」と助け船を出しました。「石」とは言わず、「これ」と代名詞を使ったところ、さらに、「動かないんじゃない?」と提案して子どもがわかるようヒントを出したところが、巧みですね。

子どもたちはこのヒントで、動くコイを動かないもの(石)に置き換える、そして、動かないものを数えたら、全部の数がわかる(合成することができる)ことに気づいたのです。

論理的思考の要素である「分解と合成」あるいは「全体と部分」の関係を遊びの中で発見し、合成の方法を発明したのです。

子どもは、頭と心を働かせ、論理的思考力を育んでいます。「遊び」とは、「仕事」に対立する概念ではありません。また、「怠けること」を意味するものでもありません。

幼児にとっての「遊び」とは「自発的な活動」であり、頭(海馬や扁桃体)が活き活きと働いている状態を指しています。漢字学者の白川静さんは「遊」の語源について「遊ぶとは絶対の自由と創造の世界のことである」と述べています。

子どもは遊びに熱中しながら、どんどん新しいものを創造し発見や発明をしているのです。

Chapter 8

想像力は「生きる力」――見えない未来を思いえがく

みぃちゃんの幼稚園ではお帰りの前にみなが集まって活動をする「サークルタイム」を楽しみます。先生と子どもたちが円をつくって座るのでサークルタイムと呼ぶのです。担任のゆきこ先生が子どもたちに絵本や紙芝居を読み聞かせたり、ゲームをしたり歌をうたったりしてくれるので、みぃちゃんはサークルタイムが大好きです。みぃちゃんは〝今日はゆきこ先生はどんな絵本を読んでくれるかな？　みんなでお歌をうたうのかな、それとも「いす取りゲーム」かな〟と楽しみにしているのです。

サークルタイムを体験するようになると、みぃちゃんはおうちでも、「タッくんおいで、サークルタイムのはじまりはじまり～」とタッくんに声をかけ、ゆきこ先生のように、いろいろなお話をしてあげます。ベランダに置いてあるバラの鉢を指さして、「ほら、タッくん、ベランダにバラが咲いてるよ。ちょうちょさんが、ヒラヒラ、ヒラリってお花のみつを集めに来たよ」。実際にちょうちょがいなくても、想像しながらタッくんに話すのです。タッくんは、お姉ちゃんのお話を「うんうん」と、わかったようにうなずきながら聞いていています。洗濯物を取り込んだママがそばを通ったので、みぃちゃんは今度は「ママ、サークルタイムよ」とママに声をかけました。姉と弟の「サークルタイム」には、ママもまざることもあるのです。こうして3人の幸せな時間がゆっくりと流れていきました。

想像力は「生きる力」を与えてくれる

ユダヤ人医師、ヴィクトール・フランクルの『夜と霧——ドイツ強制収容所の体験記録』（みすず書房、1961年）を読んで、私は、想像力は人の「生きる力」だと思うようになりました。

フランクルは第二次世界大戦のときにナチス・ドイツに捕えられ、強制収容所で強制労働に従事していました。あるとき、囚人たちの耳に、12月24日に自分たちは解放されるというニュースが伝わってきました。12月24日の朝、今か今かと待ちわびる人々の耳に届いた知らせは「解放されるというのはデマであった」という残酷な知らせでした。その途端、収容所のあちこちで悲鳴があがりました。老人たちに比べて体力も気力も残っている、比較的元気な若者たちが、ショックのあまり心停止状態に陥り、ばたばたと倒れて息絶えてしまったのです。一体どうしてこんなことが起こったのでしょうか。フランクルは次のように述べています。

「人間が強制収容所において、外的にのみならず、その内的生活において陥っていくあらゆる原始性にもかかわらず、たとえ稀ではあれ、著しい内面化への傾向があったということが述べられねばならない。元来、精神的に高い生活をしていた感じやすい人間は、ある場合にはその比較的繊細な感情素質にもかかわらず、収容所の生活のかくも困難な外的状況を苦痛ではあるにせよ、彼らの精神生活にとって、それほど破壊的には体験しなかった。なぜならば、彼らにとっては恐ろしい周囲の世界から精神の自由と内的な豊かさへと逃れる道が開けていたからである。かくして、そしてかくしてのみ、繊細な性質の人間がしばしば頑丈な身体の人々よりも、収容所の生活をよりよく耐え得たというパラドックスが理解され得るのである」

（フランクル『夜と霧』；121–122頁より）

この文章は、「人はパンのみで生きるのではない。想像力を働かせることによって生きる力が与えられるのだ」ということを訴えているのです。

経験が豊かであるほど想像世界が豊かになる

生後10カ月ごろに、イメージが誕生し、想像力が働きはじめます。見えない未来を思いえがくためには「材料」が必要です。五官を使った直接体験や、絵本や図鑑で知った擬似的な体験も含めて「経験」が多いほど豊かな想像世界を描きだすようになります。

しかし想像は経験とまったく同一のものではありません。思い出される経験は、断片的なものですから、それをつなぎ合わせたり、あるいは脈絡をつけたりするときに、必ず加工作用が起こります。想像すれば必ず何か新しいものが付け加わります。新しいものが生まれる創造の可能性が出てくるのです。「想像は創造の泉」のようなものといってよいでしょう。

2歳5カ月の女児と3歳7カ月の女児の語りを比べてみましょう。3枚の絵カードを子どもの前に置いて、お話をつくってもらいました（図8-1）。

2歳5カ月の女の子は「①うさタン、ピョンピョン、②イテェー、ころんだよ、石、ころんだ、③エーン、エーン、うさタン、エーン」。自分も泣きまねをしながら、語ってくれま

2歳5カ月	3歳8カ月
うさタン、 ピョンピョン	うさこちゃんが、 お月さんを見ながら、 楽しくダンス していました
イテェー、 ころんだよ、 石（絵の石をさす） ころんだ	上ばかり見て おどっていたので、 石ころにつまずいて、 水たまりにしりもちを ついてしまいました
エーン、エーン、 うさタン、えーん （顔に手をあて 泣き真似をする）	頭から、 水ぬれになった、 うさこちゃんは 泣いてしまいました

図 8-1　3つの場面をつなげて物語をつくる

した。

　みぃちゃんと同じ月齢の3歳8カ月の女児は、「①うさこちゃんが、お月さんを見ながら、楽しくダンスしていました。②上ばかり見ておどっていたので、石ころにつまずいて、水たまりにしりもちをついてしまいました。③頭から、水ぬれになった、うさこちゃんは泣いてしまいました」と語りました。想像力を働かせ、絵には描かれていない要素を補い、イメージを描きだし、そのイメージを解釈して語ってくれたのです。

暗記能力は「収束的思考」・想像力は「拡散的思考」

　今ここで暗記能力と想像力のちがいを整理

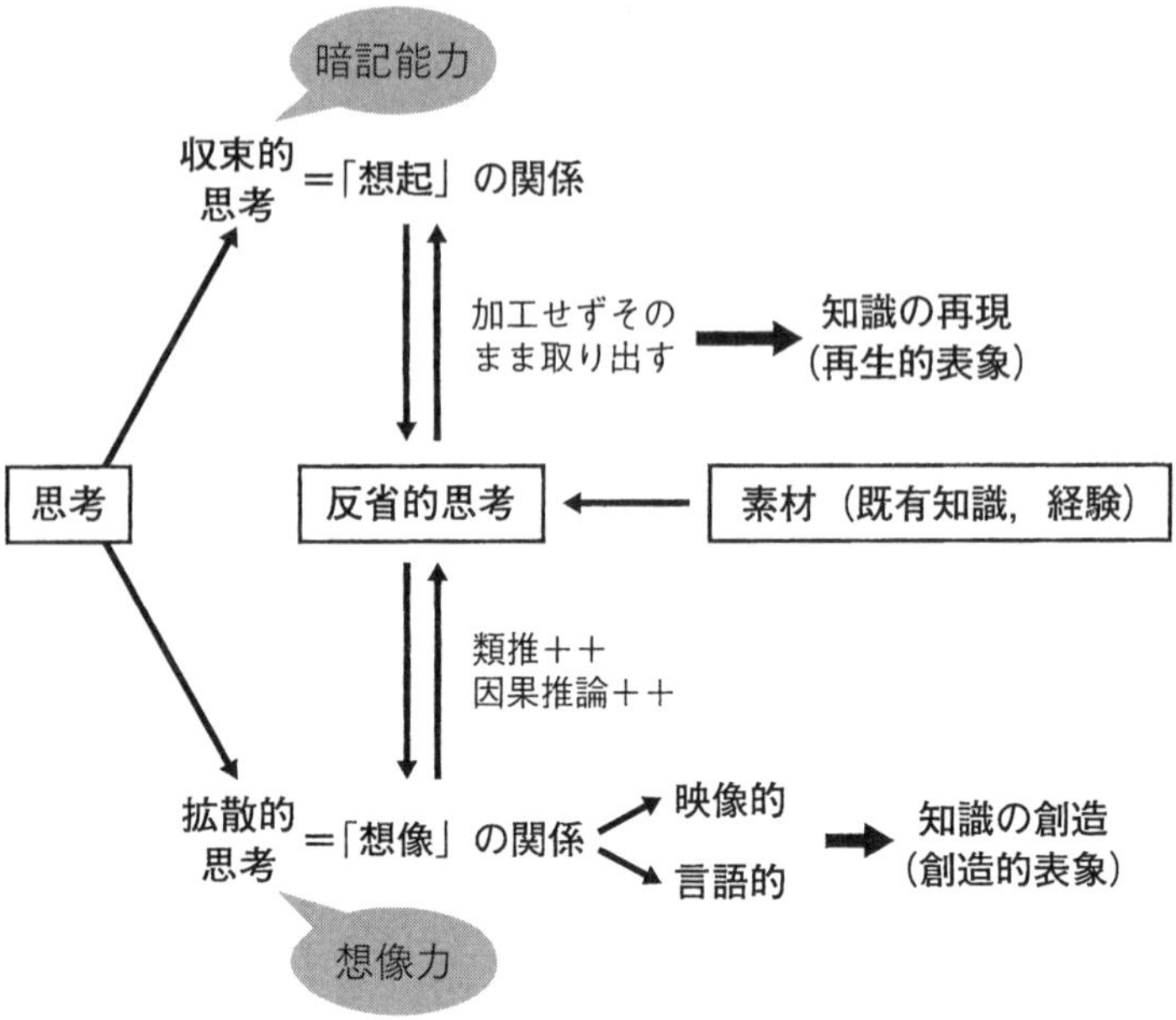

図 8-2 「想像力」と「暗記能力」の関係

しておきましょう。思考活動は、収束的思考と拡散的思考の2つのタイプに分かれます（図8－2）。

収束的思考は暗記能力、拡散的思考は想像力です。どちらの思考も知識や経験が材料になります。収束的思考は既有知識や経験を加工せずに取り出す、日常語で「暗記能力」のことです。試験問題を前にして覚えたことをそのまま使って答え、知識を再現することが求められるのが暗記能力です。一方、知識や経験をもとにして類推を働かせたり、因果推論を働かせることにより、映像的なイメージや言語的なイメージを作りだす力が拡散的思考、つまり想像力なのです。

私たちが生きていく上で必要なのは、むしろ想像力の方です。私たちが人生のいろいろな時期に出会う課題で、答えが決まっているものはほとんどありません。課題に直面すると、そのときどき、よりよい答えを見つけようとしていろいろ考え、想像をめぐらせて答えを出そうとします。すると、経験や知識がたくさんあればあるほど、よりよい解決ができるはずですよね。

語りの力の発達――談話文法の獲得

想像力が発達すると、体験を組み合わせて語るようになります。乳幼児期には子どもの語る力はどんどん成長します。3歳までに文法が獲得され、テニヲハがついた語りができるようになります。「そして」、「それから」、「だって」、「だけど」、「だから」、「どうしてかっていうと」などの接続語が使えるようになり、話がまとまっていきます。

5歳後半ごろには「談話文法」（起承転結のような文章の展開構造の構成ルール）が獲得されます。語彙も豊かになってくるので、子どもは長い話を語るようになります。

区立の幼稚園で、談話文法がいつごろ獲得されるかについて調査していたときのこと。5

歳10カ月のたかこちゃんが、絵本作りごっこをしていたときにつくった「星を空に返す方法」というお話を思い出して、私に語ってくれました。その語りを紹介しましょう。

◎**「星を空に返す方法」（M・T、5歳10カ月）**

「7月15日はうさぎさんの誕生日です。今日は7月15日、うさぎさんの誕生日だから森の動物たちが集まってきました。

そして、みんなで食事をしているときにケーキの陰から星が出てきました。星はみんなに言いました。『僕ね、空から落っこっちゃったの。だからね、僕をね、空に帰して』と言ったら、みんなはびっくりしました。『空に帰すって？』『そうさ、僕は空の星さ』『星？』と、みんなはびっくりしました。そこで、象は言いました。『おれにまかせてよ』と、象はその星を自分の鼻に入れると、勢いよく飛ばしました。それでも星は、落っこってしまいました。そしたら、今度はみんなで相談をして、うさぎが言いました。『そうだよ。ながーい笹を持ってこようよ。それに星を乗せてあげてさ。そしてさ、また、その笹をさ、伸ばしてさ、空までさ、送ってあげるのさ』と、うさぎが言うと、みんなは『そうしよう』と言って、笹を取ってきました。

そのなかでも一番笹が長いのを取ってきたのはネズミでした。ネズミは、手がゆらゆらになって、すごく長い笹を持ってきました。みんなでそのさきに星を乗せると、土のなかに埋めて1日待ちました。そうすると、その笹は、1日だというのに、ぐんぐん伸びて空に届きました。そして、星は空に帰ることができました。

そして、その誕生日が終わったあと、みんながうちで空を見ると、キラキラ光ってる、とてもきれいな星がありました。みんなはその光ってる星を、きっと落ちてきた星だと思ったのです。おしまい」

（内田、1999：170頁より）

このように、誕生会での出来事、星がケーキの陰から出てくるという事件が起こり、事件の解決に向かって登場人物たちが協力する様子が語られ、みそっかすのネズミくんがお手柄を立てるという構造のお話を語ってくれました。

このお話は、図8-3に示したような展開構造をもつお話に仕上がっています。

このお話をつくった子だけが特別なわけではなく、5歳後半すぎの子どもたちが語る物語には、こういうすてきなお話がたくさんあります。たかこちゃんは、赤ちゃんのころから絵本の読み聞かせをしてもらっているので、絵本のお話で聞いたことのある演出方法、たとえば「一寸ぼうし」のように「みそっかすが解決の鍵をにぎる」とか、『ブーフーウー』（19

エピソードA・うさぎさんの誕生会（登場人物の集合）

↓

エピソードB・食事場面（ケーキから星）

＝事件（星を空へ返す課題）

↓

エピソードB
- ①・解決の試み１（象）
  ↓
- ②・失敗⇨解決の試み２（相談）
  ↓
- ③・解決の試み３（うさぎの提案）
  ⇨最長の笹の運搬（ネズミ）
  ⇨成功

↓

エピソードB・事件の解決（星が天に帰れた）

↓

エピソードA・誕生会の終了（天の星；一同がほっとする）

図8-3　「星を空に返す方法」エピソード分析

出典：内田伸子（1990）『想像力の発達――創造的想像のメカニズム』サイエンス社

60年代にNHKで放送された人形劇）のお話のように「3度のくり返しで事件が解決される」ような語り方をしています。絵本の読み聞かせ体験の豊富な子どもほど、すてきな物語を語ってくれたのです。

この語りの中の「1日だというのに笹は天まで伸びて」という表現に注目してみましょう。「のに」という逆接の接続助詞は、この世にはそういうことはない、「虚構」、つまり「うそっこ」の出来事を演出するために使われています。

虚構と現実を関係づけるためには、カットバックという手法が使われます。ファンタジーでは「夢

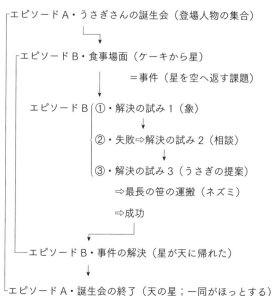

のなかの出来事」という演出技法が使われます。虚構の「夢の中の出来事」と現実が往復できないと、ファンタジーは楽しめません。

たとえば宮沢賢治の『銀河鉄道の夜』では、ジョバンニが親友のカムパネルラと銀河鉄道に乗って不思議な旅をします。この体験は夢の中の出来事でした。それを示すのが次の部分です。「ジョバンニは目を開きました。元の草の中に疲れて眠っていたのでした。胸はなんだかおかしく火照り、頬には冷たい涙が流れていました」……と、ここで、聞いていた子どもは時間を一旦ストップします。「え、眠っていたの。夢を見ていたのか。いつから眠っちゃったんだろう」……記憶を巻き戻します。「ああ、そうだ。病気のお母さんのために牛乳を買いに行ったんだっけ。牛乳屋のおじさんがいなかったから、そばの草むらに仰向けに寝転んで、おじさんの帰りを待っていたんだ」。やがて、満天の星空から汽車がやってきて、ジョバンニは汽車に乗り込みます。そうしたら、親友のカムパネルラも乗っていました。ジョバンニは幸せな気持ちで銀河ステーションやプリオシン海岸など、美しいところを旅してまわります。やがて南十字星が見えたところで、列車の中のお客さんが降りる支度を始めました。心配になったジョバンニはカムパネルラに何度も「いっしょに行こうね」と確認します。最初はうなずいていたカムパネルラでしたがやがてうなずかなくなり、南十字星の下で降りて行ってしまいます。この作品は、イギリスの豪華客船のタイタニック号が氷山に衝突して沈没してしまった事件（1914年4月15日の深夜）で　亡くなった乗客を天国に運ぶ汽車という設定で描かれたものです。

この作品には、カットバックが実に巧みに使われています。カムパネルラが汽車から降りて行った時間は、物語の現実時間では、いじめっ子のザネリが川で溺れそうになったのを助けようとして、カムパネルラが自ら飛び込み、そしてザネリは助け出せたけれども、カムパネルラ自身が亡くなってしまうという、その時間に一致させているのです。

宮沢賢治の作品にはメッセージ性の高いすばらしい作品が多いので、お子さんが小学校高学年になったころに、ぜひお父さんやお母さんが、味わいながら読み聞かせていただきたいと思います。

日本語談話の構造はカットバックが苦手

日本語談話の構造の特徴は、物事が起きた時系列で述べる「時系列因果」(And-then reasoning) です。スタンフォード大学の附属幼稚園や附属小学校の子どもたちに協力してもらい、英語を習得する過程を調査する中で、いろいろなテストで英語の習得度を調べてみました。「字のない絵本」に話をつくって語ってもらうという課題を課したことがあります。

その課題では絵本の内容を理解させた後、母語と英語の両方で話をつくってもらい、語ってもらいました。

『かえるくんどこにいるの?』という絵本では、カエルが逃げ出す場面で、日本語や韓国語を母語とする子どもは、幼児も小学生も「男の子と犬がベッドで眠っていた。そしてカエルがこっそり逃げ出した」というように時系列因果の「そして」でつなげていきます。それに対して英語、それから、インド、ヨーロピアン語族（フランス語やドイツ語など）が母語の子どもは、「カエルがこっそり逃げ出した。どうしてかというと、男の子と犬が眠りこけていて音に気づかなかったから」などと、「○○だった。なぜなら、どうしてかというと、○○だったから」という結論先行の因果律（Why-so because reasoning）で語ることが多かったのです。日本語母語話者は時系列因果、英語母語話者は幼児も児童も結論先行の因果律を使って、論拠を説明するような語り方になります。

欧米ではキンダーガルテン（幼稚園年長組に該当する）から Show《ショー》 and《アンド》 Tell《テル》（サークルタイム）の時間に、言語技術（Language Arts）を教わります。パラグラフの構成の仕方や、論拠をあげて説明する表現方法を学ぶのです。日本ではこうした教育をすることはありません。放っておけば時系列談話になりますので、私は、小学生のころから、事実と意見の書き分けや結論先行型作文教育が必要ではないかと考えています。

「可逆的な操作」は何歳から使えるか？

認知心理学の分野では、できごとの結果を見て、何が原因かを推測することを「可逆的操作」と呼んでいます。この可逆的操作は、原因と結果の関係、つまり因果関係を推論する精神操作として働いています。この可逆的な操作を何歳ごろから使えるかについてはいろいろな理論がありました。

まず、スイスの発達心理学者のピアジェは、カットバックが使われた物語を子どもに聞かせて語りなおしてもらいました。7、8歳くらい、あるいは小学校3年生くらいから筋がごちゃごちゃにならずに再話できたという研究を発表しています。

ドイツの哲学者のカントは、私たちは、出来事を因果の関係で理解しようとすると述べています。生まれつき、前の出来事が原因で後の出来事が起こったとみなす心的な推論枠組み、「因果スキーマ」をもっているからだと彼は主張しました。

アメリカの発達心理学者のスペルケは、生後4カ月くらいになると、物事を前から後ろへという順序でとらえ、因果関係でとらえられることを証明する実験を発表しています。

私は子どもたちがファンタジーを好むことをよく目にしてきました。たとえば子どもたちに人気がある、センダック作の『かいじゅうたちのいるところ』や、かこさとし作『むしばミュータンスのぼうけん』などにはカットバックの演出が使われていて、むしばのミュータンスが活躍する口の中と歯みがきが嫌いな男の子の生活世界が描かれています。カットバックが使われている絵本を好むということは、カットバックの手法におもしろさを感じることができるのではないかと思われます。

5歳後半すぎには、物語の展開を構成する手段となる「談話文法」が獲得され、さきほど例にあげたたかこちゃんのように、起承転結で筋が展開する話を語ってくれるようになります。時間概念は5歳後半すぎに獲得されるので、過去のことだけではなく、まだ見ぬ未来を想像したり、プランを立てることもできるようになります。

そこで、私は5歳ごろから可逆的操作が理解できるようになるのではないかと予測しました。ピアジェが使ったよりも単純な材料、①「前に起こった出来事」と②「後に起こった出来事」という場面をつなげて話をつくってもらうことにしました。

2つの場面をつなげるときに、後ろから前へ言語化できるのは、5歳後半すぎではないかという仮説をたてて、次のような実験をやってみました（図8-4）。

まず、

図8-4　2つの場面をつなげる実験「男の子」

「マサオちゃんが大きな石につまずいて転んでしまいました。そして、血が出て泣いています」

この語りでは2つの場面を「そして」でつなげています。子どもは語る順番に出来事が展開したように、時系列因果律で語るのです。

そこで、「そして」という部分を「原因と結果」の因果律に変えるとこうなります。

「マサオちゃんはケガをして泣いています。なぜなら、大きな石につまずいてしまったからです」

このように、後から理由をつけるような語り方ができるかどうかを、①芽が出ている絵と、②アサガオの花が咲いている絵、2枚の絵を見せて調べたのです（図8-5）。

図8-5　2つの場面をつなげる実験「アサガオ」

②の絵からお話をするようお願いすると、4歳児は「本当は芽からアサガオになるんだけどな」とつぶやいていましたが、「でも、こっち（②の絵を示して）からお話しして」と、もうひと押ししたところ、4歳児は「アサガオが小さくなって芽になった」と、「そして」でつなげて時系列を変えて語りました。

5歳児も「アサガオが咲きました。アサガオが咲いて種ができたので、種をまいたらまた芽がでました」というようにあくまでも①芽が出て→②花が咲いた、と「そして」を使った時系列で語るのです。

実験の結果は、幼児期の終わりまでは可逆的操作を使わずに、「そして」「それから」と時系列因果律でつなげてしまうという結果でした（図8-6）。

幼児期には可逆的操作は使えないのだろうかとあきらめかけたとき、私はあることを思い出しました。2歳代の終わりごろから、子どもは「だって、さっき◯

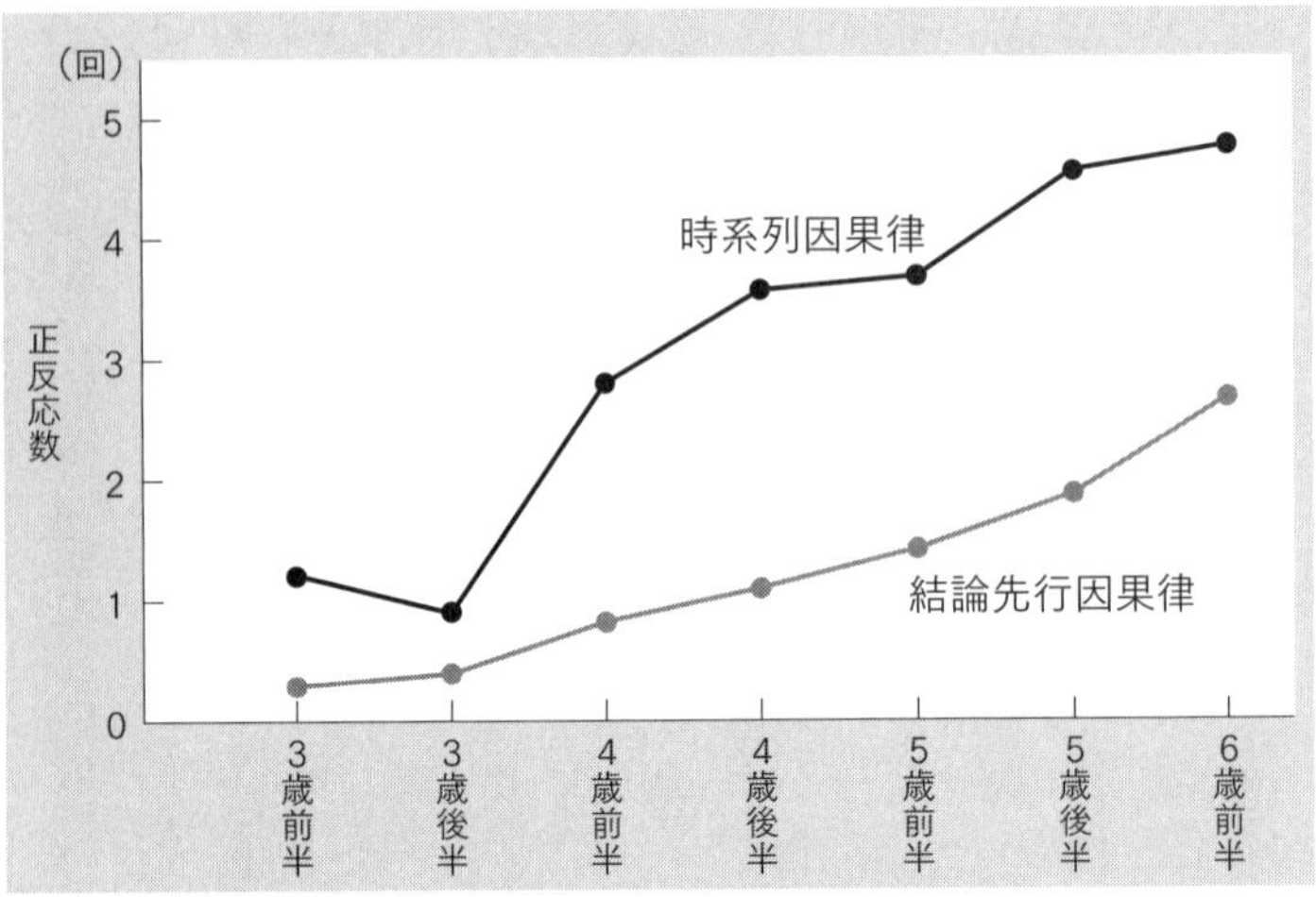

図8-6　子どもはいつから時系列を変えられる？

〇したから」「だって△△だもん」という表現を使うようになります。母親に反抗する場面や告げ口するときの口調を、この実験場面で思い出してもらうことにしました。

図8-7の絵カードを使いながら、

「お人形さんの足がとれちゃった。だって、さっき、ミヨちゃんとマリちゃんが、両方から引っぱり合いっこしちゃったから」

というように、『だって、さっき〇〇したから』とつなぎのことばを入れると、①が先で②が後という出来事が起こった順番を変えず、②からつなげられるよ、まねしてみて」

と促し、3回まねしてもらいました。

その結果、私の仮説は検証されました（図8-8、「統制群」はモデル文を提示しただけのグループ、「順番明示群」はどちらが先に起こったこと

図 8-7　模倣再生の訓練に用いた絵カード

か示しモデル文を1度だけ聞かせたグループ、「訓練群」はモデル文を3回模倣させたグループです）。

つまり、5歳後半すぎ、6歳前半の子どものほぼ全員が因果律の語りができたのです。たった3回模倣するだけで結論先行因果律（逆順方略）で語ることができるということは、可逆的な操作はもう獲得されているものと思われます。

こうして、日本の子どもも幼児期の終わりごろには、可逆的操作を使えるようになることがわかりました。ゆえにウソ（虚構）とホント（現実）を区別して、「夢の中の出来事」「うそっこのお話」を語ることができますし、ファンタジーのおもしろさがわかるようになるのです。

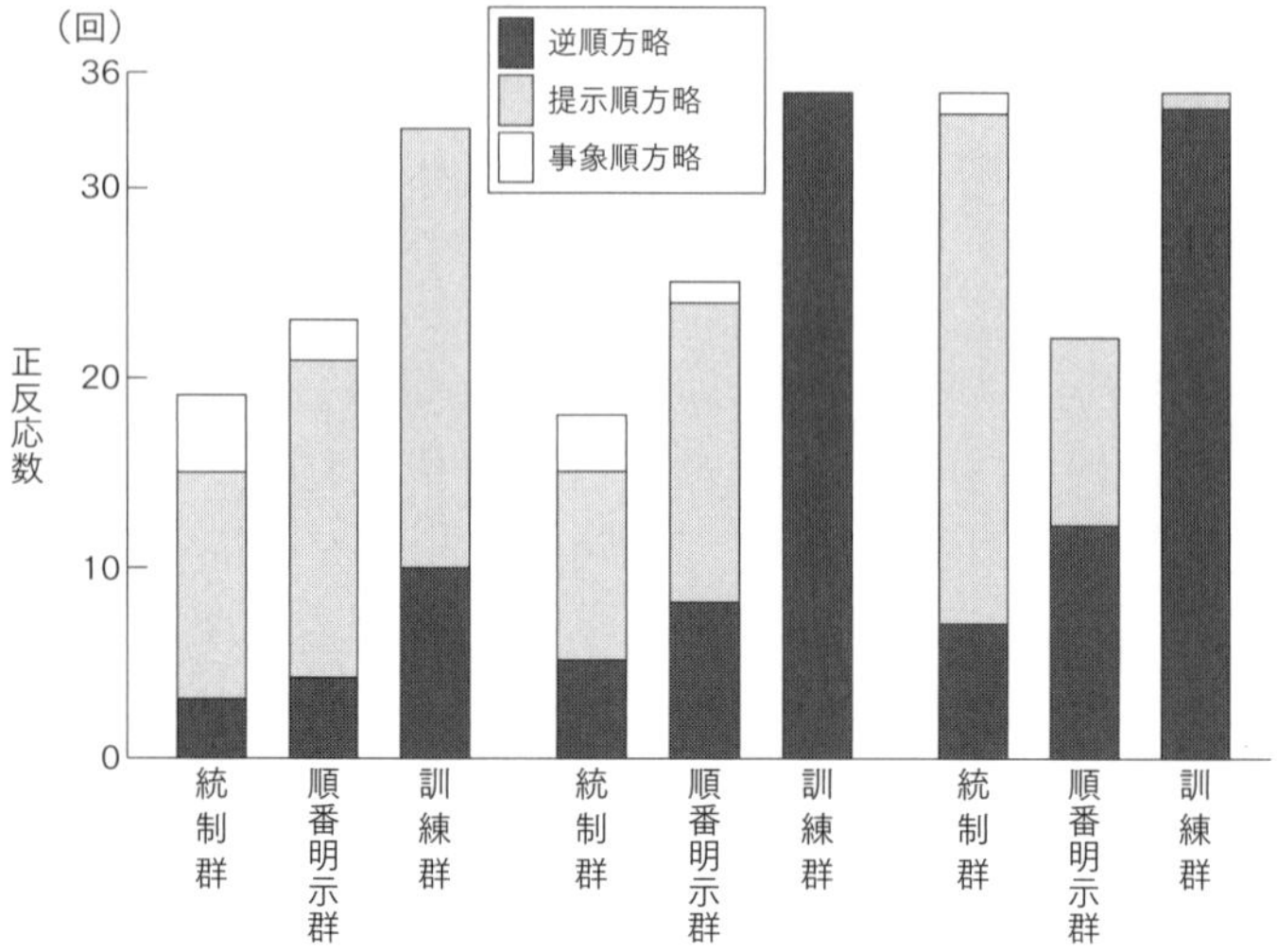

図8-8　5歳後半から可逆的操作が使える（内田、1985）

子どもの想像力をのばすために

5歳ごろから、子どもは「WHY（なぜ）質問期」に入ります。「どうして？」「なぜ？」という質問をすることが多くなりますよね。このとき親や保育者は答えを与えてしまいがちです。しかしすぐに答えを与えるのはちょっとお待ちください。

お子さんが「どうしてお風呂に入ると手は軽くなるの？」とか「なぜお鼻はにおいをかげるの？」という「WHY（なぜ）質問」をするようになったら、親や幼稚園や保育園の先生方は、答えや解説を先回りして与えてしまわずに、「どうしてだろうね？」「なぜかしらね？」と子どもに質問を返して、いっしょに考えてみてください。

すると、子ども自身が「対案」を出してきます。「だってさ、お風呂ってあったかいじゃない？　だから下から手をもちあげているんじゃない？」などと考え出すのです。この対案を聞いたら、「ああ、そうかもしれないね。よく考えたね」とほめてあげてください。このような会話をくり返すうちに、子どもの考える力が自然に育っていきます。

子どもにかわって大人が考えてしまったら子どもの思考力は育ちません。子どもにかわって大人が想像してしまったら、子どもの想像力は育たないでしょう。大人の親切は、子どもにとっては「迷惑」なことにもなりかねません。ですから大人は、子ども自身に理由や論拠を考えさせるようなチャンスを与えてあげてほしいと思います。大人の「賢い」（先を見通した）援助を得て、子どもは考えたり想像したり、判断する力を育んでいくのです。

Chapter 9

英会話塾は効果があるの？——ことばは子どもの未来を拓く

みぃちゃんは近所の公立幼稚園の年少組です。お母さんはタッくんをバギーに乗せ、みぃちゃんを幼稚園まで送っていきます。住宅街の車がほとんど来ない道路をゆっくり歩いても10分で幼稚園に到着できます。みぃちゃんは歩きながら、いろいろなものを発見します。

「あっ、お花が咲いてる」「小鳥さんが枝にとまってる」「きれいなガラス玉がころがってる」「黄色くなったイチョウの葉っぱが落ちている」など、いろいろなものに気づきます。

幼稚園の手前で、ママの車で通園している同じ年少組のまきちゃんに会いました。みぃちゃんは「まきちゃん、おはよう！」と元気よく声をかけ、ふたりで、手をつないで幼稚園の玄関に入りました。

まきちゃんのお母さんは、まきちゃんを私立小学校に入れたいと考え、お受験のための塾に通わせはじめました。また赤ちゃんのときから幼児用の英会話教材をＤＶＤで見せていますが、まきちゃんのママは、それだけでは足りないのではないかと考え、幼稚園に入園した４月から、アメリカ人が教えてくれる英会話塾にも通わせています。

みぃちゃんは幼稚園からの帰り道に、お迎えにきたお母さんに報告しました。「まきちゃんね、りんごのことを〝あぽ〟って言うの。ばななは〝べなあな〟だって。なんだかちがうよね。まきちゃんはアメリカのお姉さんから英語を習っているんだって」。それを聞いたお母さんは「みぃちゃんも英語習いに行きたい？」とたずねました。みぃちゃんは少し考えた様子でしたが、「お家で遊んでいる方がいいから行きたくない」と答えました。

０歳からの英語教育？

最近、０歳からの英語教育がさかんになってきました。乳幼児向けの英語のテープや絵本、絵カードなどの教材を求める親も多いようですが、本当に効果はあるのでしょうか。

赤ちゃんは音にとても敏感です。ある実験で「バ（ba）」と「パ（pa）」の２つの音を、ちがう音として聞き分けているかどうかを調べました。おもしろいことに2つの音を聞くとき、はっきりとちがった反射運動が見られました。

「バ、バ、バ、バ、バ、バ……」としばらく聞かせたあとで、「パ、パ、パ、パ、パ、パ……」に変えて聞かせると、おしゃぶりを吸う速度(吸てつ速度)が速くなります。赤ちゃんは「あれ？ 音が変わった」と反射的に感じとっているのです。高い音から低い音に切りかえても、同じ音なら吸てつ速度は変わりません。「バ」から「パ」へ、あるいは「パ」から「バ」へ変化したときだけ、吸てつ速度が変わるので、生後6カ月の赤ちゃんは全世界共通で、「バ」と「パ」を別の音として区別して聞き分けていることがわかったのです。

生後6カ月の赤ちゃんは、日本人が発音も聞き分けも苦手な「ra」と「la」も、別の音として区別して聞いています。しかし、生後12カ月になると、日本語に取り巻かれている環境の赤ちゃんは「ra」と「la」は別の音とは聞き分けられなくなります。生後12カ月までに母語の聞き取りに必要な音の種類が決まってしまうからです。こう説明すると、気の早いお母さんは、音の聞き分けが固まらないうちに英語の音声を聞かせたら、英語の発音や聞き取りが英語母語話者並みになるのではないかと早合点するかもしれません。

しかし、ちょっと待ってください。それでは日本語の獲得が遅れてしまいます。

早くから外国語にふれたからといって…

子どもの言語習得については、「大人に比べて、ことばを覚えるのが早い」といわれています。海外駐在員の家族として海外に移住して現地のことばを獲得するスピードを見ると、家族の中で幼い子どもがもっとも早く、しかも容易だと信じられています。これは本当でしょうか？

２００４年から公立小学校では「国際理解教育」の中で「英語活動」が取り入れられています。２０２０年からは、小学3年生から英語活動、5年生からは英語教育が始まります。このニュースは「子どもは大人よりも言語習得が容易」や「英語は幼いころから教えた方がよい」という素朴信念に文部科学省がお墨付きを与えることになりました。

子どもを幼児初期から英会話塾に通わせたり、英語の通信教材をあてがいはじめる親たちも増えています。しかし、果たして、英語は早くから学習を開始しないと身につかないものなのでしょうか。次の帰国子女が書いたレポートをご覧ください。彼女の目から見た第二外国語の習得について考えてみましょう。

◎「私はバイリンガルになれなかった」

「私は3歳11カ月から15歳まで11年半の間、旧西ドイツのハンブルグ市で過ごしたいわゆる帰国子女です。滞在中、言語習得に関しては〝自然放置〟の状態におかれ、週5日の現地の学校と週1日の日本語補習校という生活を送りましたが、とうとう一度もドイツ語を自由に使えたことはなく、高学年になるほどにその不自由さは増しました。おしまいにはかなり参ってしまい、帰国することになった時にはほっとして逃げ帰るという気持ちでした。今度「言語獲得の臨界期」という理論を知って、振り返ってみると、その都度小さな〝臨界期〟があったのではないか、そして私はそれをクリアし損なったのではないだろうかという考えが生まれたのです」

（K・Y、心理4年）

（内田（1999）「第二言語学習における成熟的制約―子どもの英語習得の過程」、桐谷滋（編）『ことばの獲得』ミネルヴァ書房、195–228頁；225頁より引用）

これは、3歳11カ月から15歳まで11年半、旧西ドイツに滞在した帰国子女のレポートの最初の文章です。K・Yさんは、家庭では日本語で、学校ではドイツ語で学習する環境で育ちました。しかし、ドイツ語を自由に使えるようにはならなかったと述べています。いつも言いたいことと表現できることにちがいがあったということです。帰国することになって、

「ほっとして逃げ帰るという気持ち」だったとレポートに記しています。彼女のレポートを手がかりに、外国語を覚えるとはどういうことかを考えてみましょう。

まず日本語に取り巻かれている環境で、英語を早くから学習することにはどんな意味があるのでしょうか？　英会話塾に通えば、英語をどんどん話せるようになるでしょうか？　また英語学力は伸びるでしょうか？

英会話塾通いは英語学力とは関係ない

母語の文法は3歳ごろまでに習得され、幼児期の終わりには長い文章を構成する談話文法が習得されます。

母語の言語習得は音楽を聴くように無自覚的ですが、第二言語学習は自覚的に読み書きを使って習得することになります。母語は会話の中で自然に習得できますが、第二言語としての英語は、フラッシュカード（絵がかかれたカードを高速で大量に見せる）を使ったり、何度もまねて発音をくり返し、暗記しないとしゃべれるようにはなりません。

受胎後18週目から聴覚野のネットワークが形成されはじめ、受精卵は外界及び胎内の環境音に混じって母親の話すことばを音声として聞きはじめます。母語の文法を身につける5、

6歳ごろまでには、ざっと見積もっても約3万時間も言語刺激にさらされていることになります。3歳児は新しいことばを使って他者とやり取りするのに1週間に70時間も割り当てています。1歳半児では1週に平均40語、平均的知能の6歳児は1日に20語の割合で語彙を増やしていきます。

一方、日本語環境で第二言語（英語）にさらされる時間は1週間にせいぜい4、5時間程度です。小学校の英語活動に費やす時間はせいぜい週に100分程度、合計時間は1年365日のうちのたった4日分なのです。母語での会話時間に比べて、英語を使ったやり取りの時間はほんのわずかです。ここから見ても、英会話塾に通っても英語の習得には大した助けにならないということがおわかりいただけるでしょう。

私は以前、お茶の水女子大学附属中学校の生徒たちに協力してもらって、英会話塾に通ったことが英語学力に影響するかどうかを調べました。

「英語既習者」は幼児期や児童期に英会話塾に通った子どもと、英語圏で生活したのち帰国した帰国子女が含まれています。「英語未習者」は幼児期や児童期に英語を習ったことのない子どもです。

英語学力のテストは聴解問題20％と読解問題80％のテストで、大学入試センター試験と同じ構成でおこないました。

その結果、1年生の期末試験から、「英語既習者」と「英語未習者」の間に成績の差はありませんでした。ずっと追跡していくと、学年があがるほど、自宅での学習習慣のない子どもは、英語はもちろん、国語、理科や数学、社会など他の教科の成績がどんどん低下していきました。

ことばを覚えることは文化を知ること

◎「ナーサリーライムの体験」

「ことばというものは背景に文化をもっています。（中略）幼児期に出会う文化と小学校で出会う文化とはちがいます。思春期以降に出会う文化はさらにちがったものです。そのことが言語の最終的習熟度になんらかの影響を与えるのではないでしょうか。つい上滑りしましたが、ドイツ語に話を戻すと、幼児期には童謡や〝かごめかごめ〟のような遊びでことばのメロディーを体得し、小学校に上がって詩の暗唱を通じてことばのリズムを体に刻みます。オイレンシュピーゲル（14世紀ドイツの伝説的な道化師・いたずら者）やミュンヒハウゼン（『ほら吹き男爵の冒険』の主人公）といったキャラクターを通じて話のテンポを学び、読み聞かされた物語の再話やその続きを書いたりしてリズムやテンポを自分のものとします。そしてこういったことは二度と体験することはありません。ほんの一例ですが、ある時期の器に注ぐ内容は自ずとそれに見合ったものになる、ということではないかと思います。器は絶えず変形していくので、内容もどんどん変わる――文化との出会いには〝臨界期〟があるとはいえないでしょうか。人工的な〝臨界期〟ではあるかもしれませんが、文化を自分の血肉とするという面で、かなり必然的なように思えます」

（K・Y、心理4年）

（内田、1999，前掲書；225頁より）

ことばは文化と絡み合っています。K・Yさんが指摘しているように、どれくらい文化を受け入れているか、文化になじんでいるかが第二言語の習得の土台を築きます。安井稔さんは「ナーサリーライムの世界というのは幼少期の子どもたちが慣れ親しんできた絵本や童謡、童話の世界であり、大人になってからも言葉の端々に出てくるものである」と述べています（安井稔（2004）「早期英語教育をどうする」、大津由紀雄（編著）『小学校での英語教育は必要か』慶應大学出版会、129–146頁；143頁より引用）。

幼児期～児童期にかけて子どもたちが楽しんでおこなう「しりとり遊び」や、「グリコのおまけ」などの遊びを通して、子どもは母語の絶対語感や音韻規則などの「音韻的意識」をからだに刻んでいるのです。

外国語を学ぶタイミング＝「適時」

◎「注ぎ込まれる内容に見合う器」の用意

「私の小さな手遅れは、注ぎ込まれる内容に見合う器の用意がいつも少しずつ遅れてしまったことにあります。韻を踏む詩などひとつも作れなかったし、冠詞の性や格変化などはどのようにして身につけるか分からずじまい。ギムナジウム（5年生〜13年生）では基礎のなさがひびいて、さまざまな文体やレトリックを学んでも、さっぱり使いこなせない。そういった遅れを取り戻すには、やはりたくさんのことばにふれて、コツコツと基礎を固めていくよりないのだと思います。時間が足りなければ要所だけつまむか、裾野を省くかにならざるを得ないわけで、早期に言語環境に身をおくほど最終的習熟度が高いというのは、言語を習得するというのは文化を受け継ぐこととほとんど同意義であることを反映してのことでもあるという気がするのです」

（K・Y、心理4年）

（内田、1999，前掲書；225頁）

K・Yさんは、幼児期にナーサリーライム（童謡）を暗唱するという体験のなさが影響してドイツ語の音韻規則を習得し損ねてしまったことを告白しています。しかも、その影響は後まで尾を引き、高校になってドイツ語の文体やレトリックを学んでもよい文章が書けないし、韻を踏む詩も作れなかったことにまでつながっているのではないかというのです。

人は、ある時期にふれる言語刺激とそのことばを使った会話によって、母語のセンスや「絶対語感」をからだに刻んでいきます。母語のセンスや絶対語感などの音韻的意識は母語の習得過程でいつの間にか習得され、それが土台になって、後のことばの自覚的学習に影響を及ぼしているのです。

幼児期に母語の絶対語感を形成し損なうと、「声に出して読みたくなるような」リズミカルな文章や俳句、短歌、詩などは作れないことになります。

通訳者の伊藤ゆかりさんは日本で英語を早く学習させようという動きがあるのを知り、警告を発しています。

「発音は確かに早いほどよい。しかし、早く学習することの利点はそれだけです。問題は英語母語話者並みに発音できることではなく、英語で相手に伝えたいことがあるかどうかなのです。マンデラ大統領がノーベル平和賞を受賞したとき、フランス語なまりの英語で演説しました。この演説に感動して涙を流した人も多かったのは中身がすばらしかったからなのです。マンデラさんが27年も投獄され拷問を受けても、権力に屈することなく人権解放運動を続けた功績に感動したのです。このように、人は、発音を聞いているのではなく、話の中身を聞いているのです。いくら発音がよくても中身がなければ、誰も耳を傾けてはくれないでしょう。（中略）今日本の子どもたちの学力低下が心配です。日本語の力だけでなく、そもそも考える力が育っていないのです。そんな状況で、ふだんの生活で必要がない英語を早くから学ばせようとするのはいかがなものでしょうか？　いささか心配になります」

（朝日新聞、２０００年8月8日「論壇」より）

しかも、発音や聞き取りは、後から学習することができるのです。小学校高学年になってから、あるいは中学生になってからでも、外国語の発音にふれ、発音の仕方を学んで何度も練習すれば母語話者並みの発音ができるようになります。

伊藤さんが指摘しておられるように、話す内容こそが重要であり、九官鳥のように母語話者並みの発音ができるか否かは、コミュニケーションにとってあまり重要ではありません。

第二言語は母語が土台になる

言語心理学者のカミンズと日本語教育学者の中島和子さんは、トロントに住んでいる日本人家族の小学生を対象に英語と日本語の読み書き能力をテストした結果に基づき、男女比、入国年齢、カナダ在住歴を考慮して選出した59名を対象にして、さまざまな角度から英語、日本語の読み書きや教科の成績を比較しました。その結果、日本語と英語では音声構造、文法構造、表記法など表層面でのちがいは大きいけれど、深層構造では関連しあっており、特に学力と関係の深い言語能力「読書力偏差値」には、第一言語の習得度が第二言語の学習に影響することを確認しています。入国年齢の低い年少児は会話力や発音面では優れているものの、学力言語の習得では年長児の方が優れていることに加えて、日本語の維持の度合も高かったのです（図9−1）。

特に注目されるのは、入国年齢が高い方が第二言語での教科学習においても有利であるという点です。理科や社会の概念の獲得には、生活の中で自然と身につけた語彙力がものをいうのです。

幼児初期に日本からカナダに移住した子どもたちは、小学校4年生ごろから学力言語が低

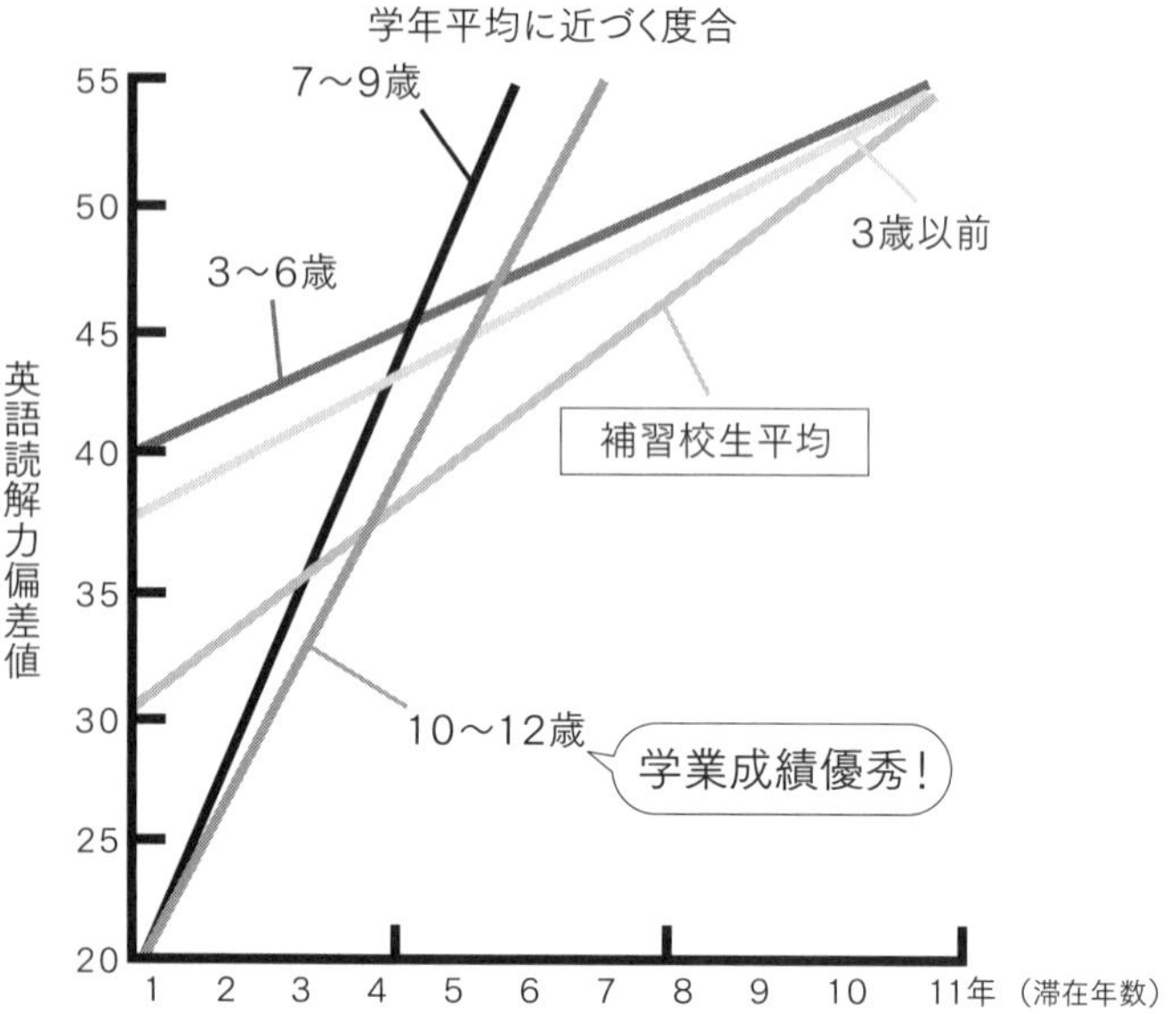

図 9-1　学校文化の影響・入国年齢と英語読解力偏差値（と学業成績）

（Cummins & Nakajima, 1989）

下して授業についていけなくなります。家庭で日本語を話している環境にあっては、生活の中で自然と習得される語彙力が不足しているためです。学校文化の中で習得する語彙だけが細い柱として学習を支えるので、知識体系（科学的概念）を形成することが難しいのです。

　生活の中で自然と習得されるはずの語彙力が不足しているため、教科内容が難しくなると授業についていけなくなります。幼児期からカナダに移住した子どもは小学校3年生になると算数以外の教科の授業についていけなかったのです。

ニュージーランドへ語学留学した兄妹の例をご紹介しましょう。

兄は小学校3年を終えてから、9〜11歳をニュージーランドで過ごし、小学校6年で帰国しました。帰国後すぐに日本語での授業についていくことができ、英語も保持していて中学では発音がよいとほめられました。英語・数学が得意で、米国の大学（カリフォルニア大学バークレー校）に進学、よい成績で卒業し、現在、米国系のIT企業で活躍中です。一方、妹はニュージーランドに滞在当時2〜4歳で、帰国時には日本語もすっかり忘れてしまっていました。小学校の英語活動の時間や中学の英語の時間にも、英語はまったく思い出しませんでした。学業成績は中の下で、お父さんによれば「英語はすっかり抜けてしまった」そうです。現在はアルゼンチンの高校に留学中ですが、英語、日本語、スペイン語いずれも切り替えに苦労していて、お父さんは「日本や米国の大学に入れるほどの学力はない」と述べておられます。

何歳でニュージーランドで暮らしたかにより、その後の英語力と学力がどのようになったかのちがいがあらわれています。

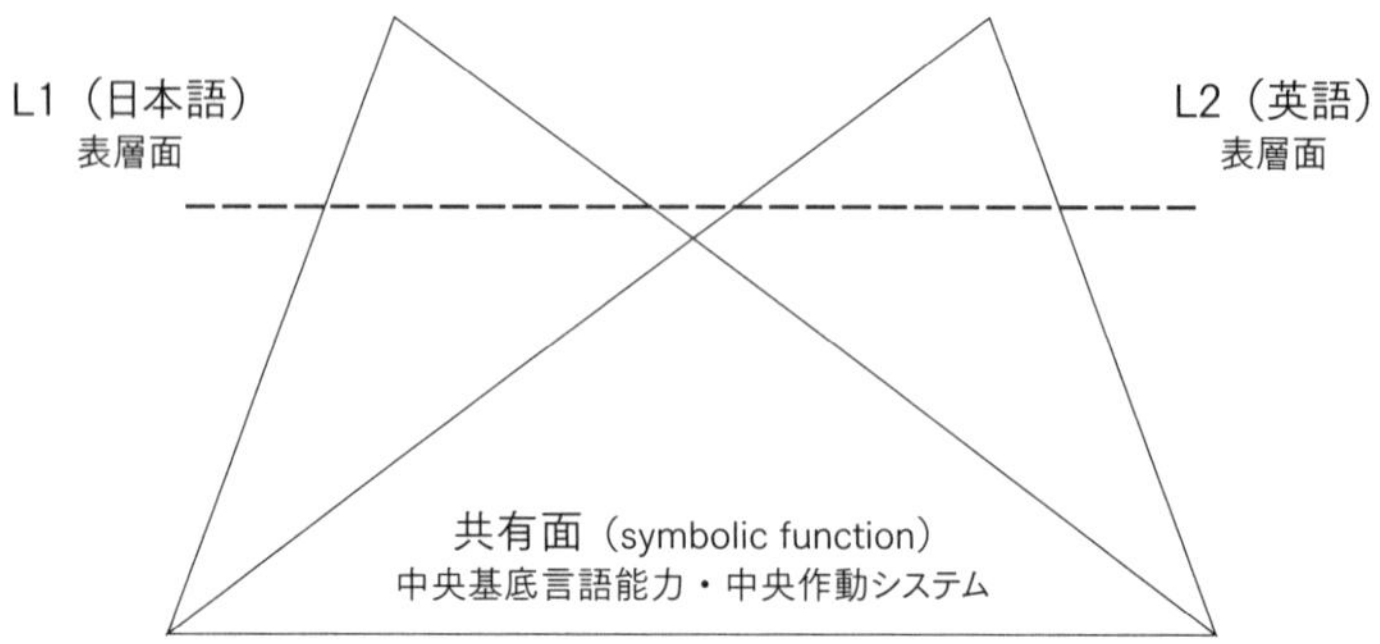

図 9–2　カミンズの「二言語相互依存説」（「氷山説」）
（Cummins, 1984 に基づき作成）

二言語相互依存説（氷山説）

カミンズは、第一言語と第二言語の両方にまたがる能力は深層部分で共通しており、両者が影響しあいながら発達するという「二言語相互依存説」（図9−2）を提唱しました（Cummins, 1981）。この仮説は2つの言語（日本語と英語）は表層面では音声構造、文法構造や語彙が異なっていますが、深層面ではその基底に「中央基底言語能力（中央作動システム）」（Cummins, 1984a; 1984b）を共有しており、このシステムで論理的に分析し、類推・比較し、まとめるなどの抽象的思考力が起動されるというものです。また、文章構造の分析や意識化などの「メタ言語能力」が深層で共通していると仮定されているのです。この仮説に立つと、両方の言語を同時に学習する必要はなく、母語に習熟すれば、第二言語としての英語の学習が容易になると考えられるのです。

第二言語の発音面（音韻規則）は第二言語を浴びる年齢が小さいほど容易に習得され、英会話力の習得には2年程度かかります。しかし、学力言語（読み書き能力や読解力）の習得には自覚的な学習が不可欠であり、母語話者並みに到達するのに8年以上もかかります。

カミンズと中島和子さんは、母語の読み書き能力をしっかり身につけて、一対多のコミュニケーションスタイルに移行した段階（7〜9歳児）でカナダに移住した子どもが、もっとも容易に、しかも、もっとも短期間（平均3年）で、現地の母語話者並みの読書力や読み書き能力の偏差値に追いついてしまうことを見いだしています。一方、3〜6歳でカナダに移住した子どもたちの学力言語の習得はもっとも難しく、11年以上もかかるのです。この結果は「二言語相互依存説」を支持しています。また「子どもは大人に比べてことばを覚えるのが早い」という素朴信念が誤りであることを証明しているのです。

第二言語の習得への母語の影響

第一言語の習得の過程と第二言語の学習過程は似ているのでしょうか。それとも、似て非なるものなのでしょうか。教育や環境の第二言語習得に及ぼす影響はあるのでしょうか。あるとすれば、どの側面に影響が現れるのでしょうか。英語圏に移住して英語を話す環境に身をおいたとき、子どもたちに何が起こるでしょうか?

私はスタンフォード大学で、海外から留学してきた家族の子弟が、英語を使うことができるまでに何が起こるのかを観察しました。カリフォルニア州スタンフォード大学附属幼稚園の園児（3歳半〜5歳半）と附属小学校、公立小学校の小学生1〜5年生を対象にして、母語が英語の習得にどんな影響を及ぼすかを調べました。

幼稚園では3歳ごろの子どもは英語がとびかう保育室にいても、自分から英語を話そうとはしません。半年経っても母語を共有する子ども同士で遊んでいます。義務教育が始まるキンダーガルテンでは学習言語としての英語を学ぶようになります。家庭教師やESL(English as the Second Language) 担当の教師は「韓国や日本、中国、台湾などアジア出身の子どもたちは、英語母語話者なら2、3歳までに習得しているはずの冠詞が脱落してしまいます。また数量名詞の複数形が作れないし、動詞の過去形も正しくないなど言語遅滞児と同様の誤りが見られるので、これらの面を意図して教育しています。会話ではでたらめになってしまうので、読み書きを使った自覚的学習によって改善しようと教育しています」と述べていました。

3歳でアメリカに移住した小学校5年生は「会話はまったく問題ないよ。でも作文は真っ赤になって返されてくる。こっちの子は何が正しい言い回しかが直感的にわかるみたいなんだ」と悩みをうち明けてくれました。日常、家庭でそれぞれ出身国の母語に取り巻かれ、社会的なやり取りをおこなっている子どもたちは、現地校で英語の自覚的な学習を開始し英語の読み書き能力を習得した後になっても、文の構造に関わる統語規則は習得し損なってしまうのです。

絵本の場面を見て物語を語る作文能力テストの結果、3歳ごろに渡米して現地校に通っている小学生たち（キンダーガルテン、小学校5年生）は、発音は母語話者並みですが冠詞や複数形、過去形などの統語規則、物語の接続形式や談話構成の仕方には英語にない誤りが見られ、母語話者幼児に比べても得点が低かったのです。

親たちは子どもの発音やジェスチャーが母語話者並みであるため、「英会話には問題がないから、学校でも大丈夫」と信じ込んでいます。現地校のＥＳＬの授業で特訓されても、複

日本語（韓国語）
母語話者の語り

「男の子と犬がベッドで眠っていた。そして、それから、カエルがこっそり逃げ出した」

《時系列因果》
そして、それから
○○なった

発端
カエルが逃げ出す場面

英語（独・仏）
母語話者の語り

「カエルがこっそり逃げ出した。どうしてかというと、男の子と犬が眠りこけていて、音に気付かなかったから」

《結論先行因果律》
○○だった。
なぜなら、
どうしてかというと、
○○だったから。

図 9-3　日本語と英語の談話構造の違い

（M・メイヤー『かえるくんどこにいるの？』；2頁より）

数形の「-s」が脱落してしまい、時制、冠詞、定冠詞などほとんどの統語規則において母語話者幼児よりも劣っているデータに親たちはびっくりしていました。

また、8章で述べたことですが、絵本を見て物語を語ってもらうと、日本や韓国出身の子どもたちは、「時系列因果律」で語ります。図9-3の場面では、「男の子と犬がベッドで眠っています。そして、それから、カエルがこっそりビンから逃げ出しました」と「そして」「それから」という接続詞を使って出来事が起こった順番に語ります。

一方、英語と印欧語（フランス語・ドイツ語・スペイン語・イタリア語・スウェーデン語など）を母語とする子どもたちは「結論先行因果律」で語ります。「カエルがこっそり逃げ出しました。なぜかというと、男の子と犬が眠っていて、カエルが逃げ出しても気づかなかったからです」のように、「なぜなら」、「どうしてかというと」という接続詞を使って、カエルが逃げ出した理由や根拠を後から付け加えるのです。

このように、幼いころから、母語の談話構造は、出来事をどのように理解するか、またその出来事をどのように語るかに影響を与えているのです。

さらに、英語（印欧語）と日本語や韓国語の談話構造のちがいは、子どもだけではなく、大人たちの会話スタイルにも影響を与えることがわかりました。欧米人は、自分の主張を先に述べ、後から論拠を付け加える「自己主張完結型」の会話をしますが、日本人や韓国人は、相手の反応を見ながら会話を進める「相手配慮関係調整型」の会話になるのです。

談話構造のちがいは、会話スタイルのちがいをもたらしています。人とつながり、対人関係をつくる上でも影響しているのですね。

母語の土台をしっかり築く――ことばは子どもの未来を拓く

第二言語の学習は母語話者のように自然放置のままで習得されるものではなく、自覚的・系統的に「学習」することが不可欠なのです。ましてや、英語を使う必要に迫られない環境での英語学習がいかにたいへんかもわかります。英語を使う必要に迫られない環境で英会話の授業をしようとすると、どうしても読み書きに絡めた「第二言語学習」になりがちです。これは母語習得とはまるでちがう自覚的な学習になります。単語の置き換え練習は機械的ですからあまりおもしろくありませんよね。

母語の土台ができないうちに、現地のナースリーに入れられたために、爪かみや爪先歩きなどさまざまな身体症状が出てしまった子どもたち、親たちに第二言語習得を強いられて赤ちゃん返りし、片言の日本語すら口にできなくなった子どもたちの姿は、ことばが通じない異文化で暮らすことがどれほど子どもにとってストレスが高いかを物語っています（内田伸子・早津邑子『異文化に暮らす子どもたち――ことばと心をはぐくむ』金子書房、２００４年）。

このように、思考の発達が系統的学習の「敏感期」にならない段階で中途半端に読み書きに絡めた学習を開始しても、期待した効果をあげることはできません。そればかりか、英語嫌いの子どもを早くからつくりだしてしまうかもしれません。

英会話塾に行くかどうかは、以上の知見をご覧になり、慎重に判断していただきたいと思います。

◎「日本では自己を耕すことばの教育には出会えなかった」

「現地の学校に長くいる子どもの方が、日本語補習校で作る作文がうまいという現象がありました。それは言語能力というものが、単に○○語の熟達ということだけでなく、文化を継承する努力によって自己の内面を耕すという、人間に共通な性質をもっていて、第二言語と格闘している子どもの方がそういう能力が高いのだという気がしています。だからといって、日本で第二言語を早期に教えるべきだというのでは決してありません。そうではなく、日本でなされている国語教育がいささか頼りないと思うのです。帰国後に受けた中学、高校の授業では、自分自身の変革を迫られたり、中身をしぼり出させられたりするような体験には不幸にして出会えませんでした。」

（K・Y、心理4年）

（内田、前掲書；226頁、傍線筆者）

K・Yさんは、日本の国語教育についての痛烈な批判でレポートを締めくくりました。彼女が指摘しているように、「自分自身の変革を迫られたり、中身をしぼり出させられたりするような体験」が果たして国語教育で与えられるでしょうか。今日、日本の子どもの学力低下が問題視され、「ゆとり教育」で減らされてしまった教科教育の学習の時間の見直しにすぐに着手しなくてはならない状況です。今こそ、小学校以降のことばの教育は「自己を耕す」ことのできる、考える道具として生きて働くことばを学習する場でなくてはならないと思います。

最後に、４歳児のつぶやきをご覧ください。

「てっちゃんはあとから考えてるの。だからはやくおはなしできないの。てっちゃんことば覚えたいの。てっちゃんのあたまにおしゃべりすること、いっぱいあるんだから」

（４歳男児）

（灰谷健次郎『灰谷健次郎の保育園日記』新潮社、１９９１年）

てっちゃんのように、どの子もことばをたくさん「知りたい」、「覚えたい」、大好きなママに「話したい」と思っています。

子どもは「ことば」にとても敏感です。子どもは聞いていないように見えても、全身を耳にして、まわりのおしゃべりに耳を澄ませているのです。

平均的な知能の５歳児は、１日に20語もことばを覚えます。親は20語も新しいことばを子どもに話すでしょうか？　子どもはことばに敏感で、家族の会話、テレビのアニメの登場人物のセリフ、ニュース、幼稚園や保育園の先生同士の会話など、身のまわりにあふれていることばから、自分の関心に少しでも関連があるなら、どんどんことばを吸いこんでいきます。

そして似たような状況におかれたときに吸収したことばがよみがえり、自分でも「使って」

みるのです。

子どもたちはみなことばに敏感です。ことばをどんどん覚えたいと思っているのです。ですから、大人たちは、てっちゃんのように耳をそばだてている子どもがいることを忘れず、美しい日本語で会話したいものですね。ことばは、子どもの未来を拓くものだからです。

Chapter 10

お母さんあせらないで——将来の学力はいつ決まる？

朝、幼稚園の年長組のママたちが集まっておしゃべりしていました。みぃちゃんのママがタッくんを連れて自宅に戻ろうとすると、ゆきちゃんのママが呼び止めました。

「ねえ、今朝の新聞読んだ？　文部科学省が毎年実施している学力テストの結果がね、幼稚園を卒業した子どもの方が、保育園に行った子どもよりもよかったんですって。年長さんのママたちが言っていたけれど、ただ遊ばせている保育園よりも、幼稚園の方がお勉強を教えてくれるもんね。当然の結果よね」

このことばを聞いたみぃちゃんのママは、「ほんとうかしら？　みぃちゃんは幼稚園ではいっぱいお遊びできるから楽しいって言っていたけれど……？」と心の中で思いました。しかし反対意見を言おうものなら、ゆきちゃんのママはまたいろいろ言うだろうなと思い、

「そうなの」とだけ答えました。

日本の子どもの学力の課題

経済協力開発機構（ＯＥＣＤ）が義務教育の終わりに実施する国際学力調査（ＰＩＳＡ）の結果を見ると、日本の高校生は論理力や記述力を必要とする課題の成績が悪く、これまで先進諸国では最下位の成績をとっていました。

特に問題なのは、数学に苦手意識をもっている生徒が８割にも達していることです。また、小学４年生と中学２年生を対象にした国際数学・理科教育動向調査（ＴＩＭＭＳ－２０１５）では日本の子どもの成績は高いのですが、数学嫌いや理科嫌いが多く、学習意欲が低いということが問題になっています。

文部科学省が全国の小学６年生、中学３年生全員（２０１０年からは約７割が参加）に実施している学力・学習到達度調査でも、ＰＩＳＡと同様に、論理力・記述力を測定するＢ問題（活用力）の成績が低いのです。暗記で答えられる基礎・基本的な学習内容はだいたい理解しているのに、覚えた知識や技能を活用して、文章題を解き、表現する力に課題があります。

そこで文科省は主要教科の時間数を増やし、図工や音楽などの表現科目や技術家庭科などのものづくりの時間を削減するということで教育課程を改訂しました。しかし、改訂後の2010年の結果を見ると、論理力・記述力は改善しなかったのです。

しかも2010年には、文部科学省幼稚園課は、「幼稚園卒の子どもは保育園卒の子どもよりも成績が高い。この調査は幼児期の教育の大切さを検証した初めての調査だ」とマスコミに発表しました。

これは本当でしょうか？　そもそも、幼稚園と保育園の「保育」（教育と養育の両方を指す用語）の質のちがいが、中学3年生の学力にまで影響するのでしょうか？

学力格差はいつから始まる？

教育社会学者やマスコミは、「学力格差は経済格差を反映している」ので、「保育園に通園している家庭の所得が幼稚園通園家庭よりも低いためではないか」というコメントを発表しました。

私はこのコメントに疑問をもちました。経済格差と連動して動く要因（媒介要因）が何かあるのではないかと思ったのです。何よりも、経済格差は子どもの発達や親子のコミュニケーションに一体どんな影響を及ぼすのでしょうか？　この疑問を解いてみたいと思いました。

そこで、幼児のリテラシー（読み書き能力）の習得に及ぼす社会・経済・文化的要因の影響はどのようなものかを明らかにしたいと考えました。

私たちは経済の発展段階がちがい、儒教や仏教を背景にもつ、日本（東京）・韓国（ソウル）・中国（上海）・ベトナム（ハノイ）・モンゴル（ウランバートル）、各国3000名の3、4、5歳児を対象に個人面接調査を実施しました。そして彼らが小学生になるまで追跡し、小学校でPISA調査を受けてもらい、また、テストを受けた子どもの保護者全員とこの子たちを保育している幼稚園と保育園の先生方全員に、文字環境やしつけ、絵本の読み聞かせの頻度、塾や習い事の種類、子どもの学歴への期待度、家庭の蔵書数、所得などについて、アンケート調査をいたしました（内田伸子・浜野隆『世界の子育て格差——子どもの貧困は超えられるか』金子書房、2012年）。

「リテラシー」というのは、識字とか読み書き能力と訳されることが多いのですが、もともとはラテン語、ギリシャ語を読み解く力といった広い教養を意味していました。学校制度が導入されてから、識字や読み書き能力と、限定的に使われるようになったのです。私たちは、読み書き能力だけではなく、文字を書くための指先の運動調整能力や文字読みに使われる音節分解能力、さらに、知能テストのかわりに、「絵画語彙検査（PPVT）」を使って語彙能力も測定しました。

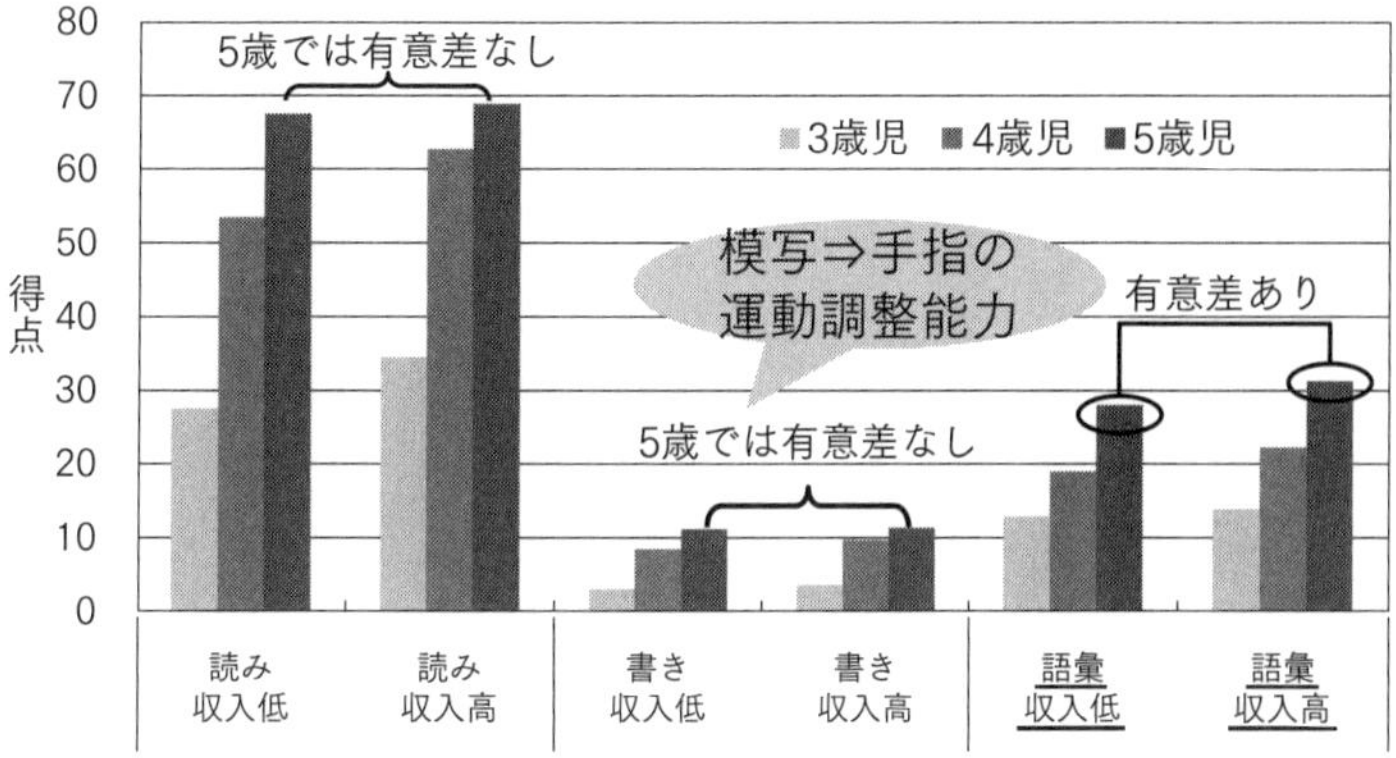

①読みと書き＝模写能力においては5歳になると家庭の収入による差はなくなる。
②語彙能力に、収入による差が顕在化する（高＞低）。

図10-1 リテラシーの習得に経済格差は影響するか？

（内田・浜野、2012より）

3000名調査（2009年度の子育て世帯の平均所得は691万円。691万円以上を「収入高」、691万円未満は「収入低」とした。）

リテラシー調査の結果をご紹介しましょう。平仮名が読めるか、文字を書く準備がどれほどできているかを調べるための模写力については家庭の所得との関連はありませんでした。

ところが、絵画語彙検査で測定した語彙力（知的能力）は5歳児の段階で家庭の所得と関連し、所得の高い家庭の子どもの語彙得点が高くなります（図10－1）。

家計の豊かなご家庭では、子どもに習い事をさせているのかもしれません。そこで早期教育の影響を調べてみました。語彙得点に関しては、習い事をしていない子どもよりも、習い事をしている子どもの方が成績が高かったので

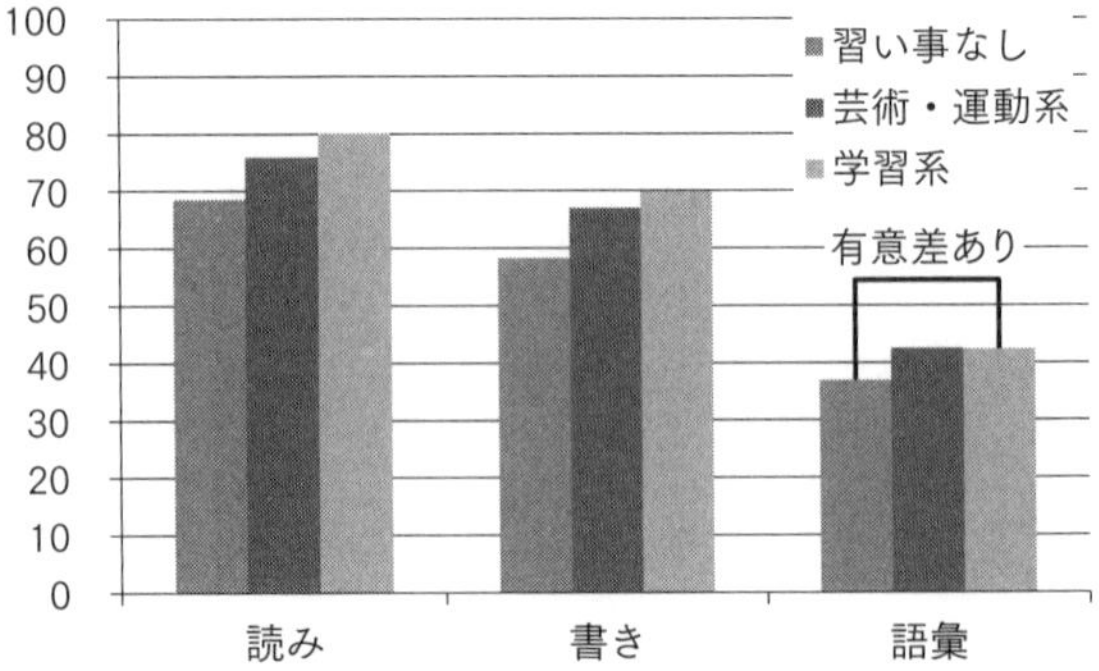

語彙得点；習い事なし＜習い事あり

芸術・運動系（ピアノ・スイミング）≒学習系（受験塾・英語塾）

図 10–2　習い事の種類と読み・書き・語彙との関連

（内田・浜野、2012 より）

す。しかし、芸術系、運動系、ピアノやスイミング、体操教室などの習い事をしている子どもと、受験塾や英会話塾など学習系の塾に通っている子どもの間には語彙得点に差はありませんでした（図10－2）。

　このことは塾の学習で語彙得点があがるのではないことを示しています。芸術・運動系であろうと受験塾など学習系であろうと、習い事をすることにより、家庭や幼稚園・保育園で会話する大人とはちがった大人に出会い、いろいろなことばを聞く機会が増え、コミュニケーションが豊かになることが理由だろうと推測しました。

体操教室に通っている子どもは　運動が嫌い？

杉原隆東京学芸大学名誉教授らのグループが実施した全国3、4、5歳児9000名の運動能力調査の結果は、習い事によってかえって運動能力が低下してしまうと報告しています。体操教室やバレエ、ダンス教室に通っている子や、体操の時間を設けている幼稚園や、保育所に通園している子どもの運動能力が低く、運動嫌いの子どもが増えてしまうという結果なのです。

体操教室やバレエ教室に行くと運動能力が低くなってしまうのはなぜでしょうか？　全国で教室を訪れて運動能力低下の原因を探ったところ、まず第1に、特定の部位を動かす同じ運動をトレーニングのようにくり返しているので子どもは飽きてしまう、第2に、説明を聞く時間が多く実際にからだを動かす時間が少なくなっている、第3に、競争意識が芽生える5歳後半ごろになると、他人よりうまくできないと教室には行きたがらなくなり、運動嫌いになっていく、などが浮かび上がってきました。

では、運動嫌いにしないための解決策はあるのでしょうか？　杉原先生は子どもが好きな遊びができるようにすること、好きな遊びの中で、登る、渡る、運ぶ、ぶらさがる、走るなどの動きを要請するような環境を設定することが大事だと指摘しておられます。また保育者にも運動遊びに子どもを誘い、楽しくいっしょに運動遊びをしてほしいと提案しておられます。

子ども中心の保育（自由保育）で子どもが伸びる

私たちの調査結果でも、自由保育の子どもの方が一斉保育の子どもより語彙力が高いという結果が出ました。「アプローチ・カリキュラム」と称して、小学校1年生の国語や算数、英会話などの先取り教育をしており、鼓笛隊や体操の訓練をしている一斉保育の幼稚園や保育園の子どもに比べて、自発的な遊びを大切にしている自由保育（子ども中心の保育）の形態をとる幼稚園や保育園に通っている子どもの語彙力がずっと豊かであるという結果が明らかになりました（図10－3）。

この結果から見ると、語彙得点のみ得点の差があったこと、語彙得点の差は幼稚園と保育園のちがいではなく、どんな保育をしているかが問題だということになります。しかも、ソウル、ハノイ、ウランバートルの結果も東京の結果と同じでした（上海はすべてが保育園ですから、この分析はしませんでした）。

つまり、小学校の教育を先取りして、文字を教えたり、計算をやらせたり、英会話や体操の時間を設けている幼稚園や保育園に比べて、子どもの自発的な遊びを大事にしている自由保育の幼稚園や保育園の方が語彙得点は高いのです。しかも、年長になるほど、差は広がっ

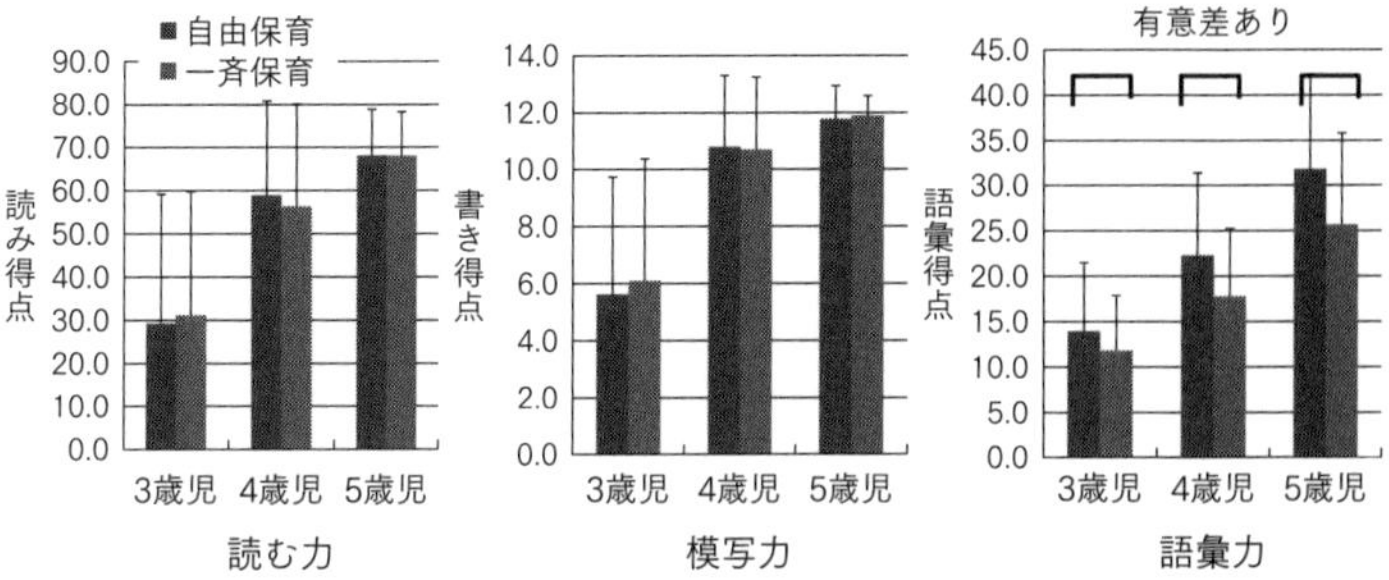

語彙力：自由保育＞一斉保育
子ども中心の保育、自由遊びの時間が長い幼稚園や保育園の子どもの語彙得点が高い
（幼稚園と保育園では差はない）

図 10-3　保育形態による語彙力の差

（内田・浜野、2012 より）

ていきます。

では、文部科学省幼稚園課が発表した「学力テストの結果を比べると、保育園卒の子どもより、幼稚園卒の子どもの方が成績が高い」という発表はどうなのでしょうか？　これに対して答えを出す前に、この子たちに小学校でＰＩＳＡ型学力テストを受けてもらいましたので、その結果が幼稚園卒と保育園卒でちがうかを比べてみましょう。

小学1年生の3学期にＰＩＳＡ型学力テストによって調べた学力のちがいは、幼児期と同じでした。自由保育の幼稚園や保育園卒の子どもの方が、学力テストの成績が高かったのです。ソウルでも同じ結果が得られました。同じ子どもを追跡しているので、学力テストと保育形態に関連が出たというのは、単なる相関関係（見かけ上の関係）ではなく、明らかな原因と結果の関係（因果関係）があるということです。つまり、どんな保育形態の園で保育を受けていたかが小学校での学力テストの成績に影響するという結果が明らかになったのです。

幼稚園や保育園の保育の質のちがいが小学6年、あるいは中学3年まで続くということはどう考えてもありえないでしょう。２０１０年は「認定こども園」の設置について検討が始まった年でしたから、文部科学省と厚生労働省のどちらが管轄省庁になるかの議論がおこなわれていたのです。「幼児教育の大切さが検証された」というコメントは、文部科学省が管轄した方がよいということを主張する戦略的なものだったのかもしれません。

そうすると、学力テストの成績に影響する別の要因があるのかもしれないということになります。私はさらに検討を続けることにしました。

しつけが語彙の豊かさに影響する

結果として、語彙得点が高い子どもは「共有型しつけ」を受けており、語彙得点が低い子どもは「強制型しつけ」を受けていることが明らかになりました。

共有型しつけとは、親子のふれあいを大切に、子どもと楽しい経験を共有するという考えに基づいたしつけ方を指しています。高所得層に多いのですが、分析を進めてみると、低所

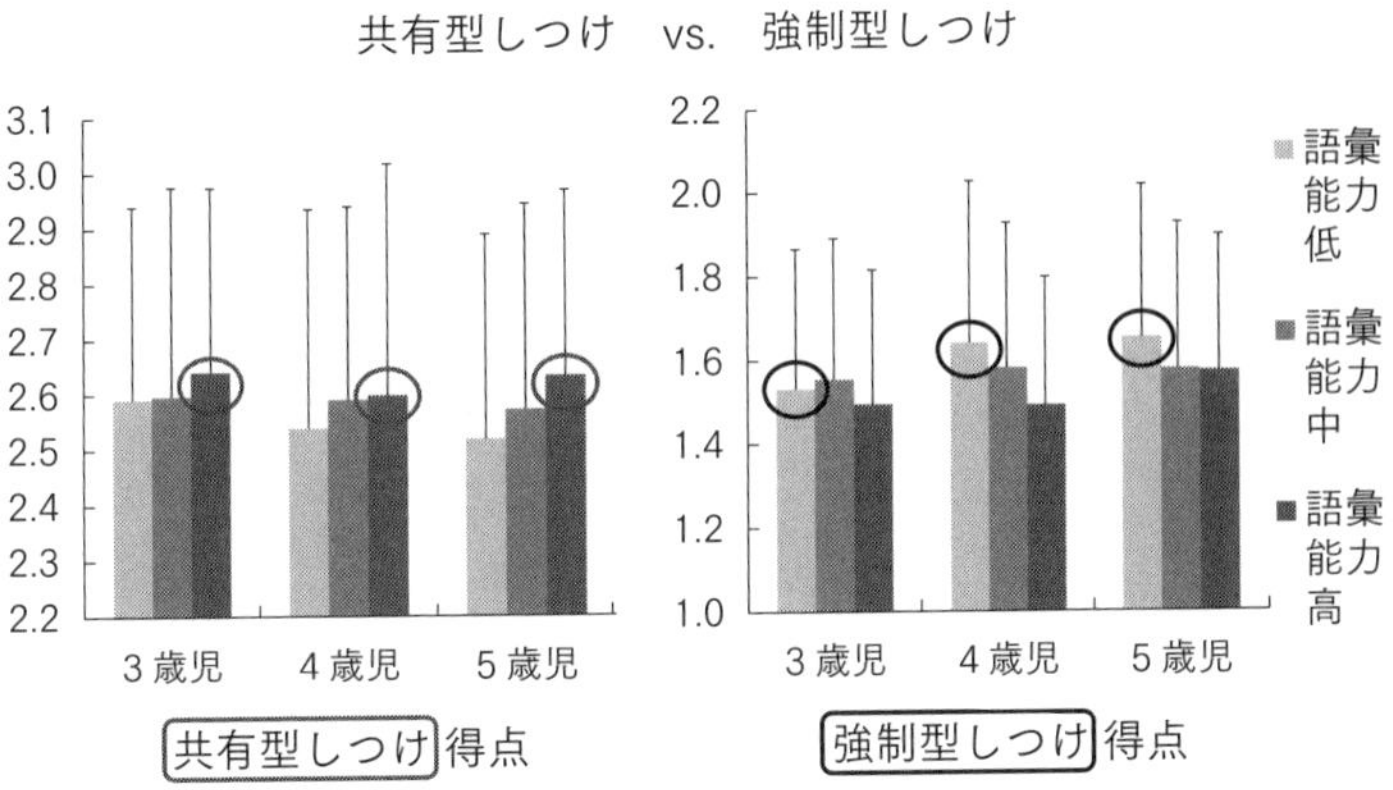

語彙得点が高い子どもは、共有型しつけを受けており、
語彙得点が低い子どもは、強制型しつけを受けている。

図10-4　しつけスタイルと語彙能力

（内田・浜野、2012より）

得層であっても、家庭の蔵書数が多いと子どものリテラシーや語彙得点が高くなります。

子どもをしつけるのは親の役目、悪いことをしたら罰を与えるのは当然だ、力のしつけも多用している、「言うこときかなきゃ、ひっぱたきます」と答えているご家庭では、所得の多寡にかかわりなく、リテラシー得点や語彙得点がともに低いのです（図10−4）。

この子たちが小学校に行って1年間学習をした後、3学期に、ＰＩＳＡ型学力テストを受けてもらいました。その結果、幼児期に絵本の読み聞かせをたくさんしてもらって語彙が豊かな子どもは学力テストの成績が高かったのです。またブロック遊びが好きだったり、造形・工作などをよくしていた——段ボールや紙を使って工作したり、絵を描いたり砂だんごを作ったりなど、指先をよく使っていた――手先の器用な子どもも、ＰＩＳＡ調査の成績が高かったのです。同じ子どもたちを追跡していますので、これもまた単に相関があるということではなく、因果関係があるということなのです。つまり、幼児期の生活や遊びが学力テストの成績に影響を与えているのです。幼児期の語彙能力と指先の器用さは、小学校の国語学力を高めることが明らかになりました。

幼児期のしつけと学力テストの成績に因果関係があるという結果と、先ほど検討した保育形態と学力テストの成績に因果関係があるという結果をあわせると、次のことがいえましょう。

これらの結果は、子どもの主体性を大事にする大人の関わり方（親のしつけと保育者の保育の仕方の両方）が子どもを伸ばすということを意味しているのです。

幼児期から、しつけの仕方やどんな保育（幼稚園か保育園かの別は問いませんが）を受けているかによって、自分で考える力や課題を解決する力、何よりも答えのない問題に挑戦して、探求する心が育っているかどうかで、将来の学力が左右されるのではないかと思います。

では最終章では、どんなしつけをしたら子どもが伸びるのかについて考えてみましょう。

Chapter 11

子育てに「もう遅い」はありません

スーパーにお買い物に出かけたときのこと。男の子が走り回っています。その子はみぃちゃんの通っている幼稚園の年中組のだいきくんでした。

「あっ、だいきくん、あぶない！」

みぃちゃんの見ている前でだいきくんは、果物コーナーの棚に衝突して転んでしまいました。ひざ小僧から血を流しています。ケガをしたようです。だいきくんは痛いのと血が出ているひざを見て大泣きしてしまいました。だいきくんのママはただならぬ泣き声に気づき、だいきくんのところに駆け寄りました。そしてだいきくんに向かって、「だいき、スーパーの中を走っちゃダメっていつも言ってるでしょ。言うこと聞かないからこうなるのよ。ダメな子！」と大きな声で怒りました。

みぃちゃんは、〝だいきくん痛そう。ママにあんなに叱られてかわいそう〟と思いました。みぃちゃんのママなら、こんなふうに頭ごなしに叱り飛ばさないでしょう。転んでしまっただいきくんは、ママの言うとおりにすればよかったなと思っているはずです。痛いだけでなくケガもしてしまったのです。だいきくんのママの怒鳴り声は、だいきくんの傷に塩をぬるような残酷な行為です。みぃちゃんのママなら、だいきくんをまずやさしくハグして、「痛かったね」となぐさめ、叱りたくなるのをぐっとおさえて深呼吸をするでしょう。ママの気持ちもだいきくんの気持ちも落ち着いたら、「こんどは走らないようにしようね」とやさしく言い聞かせるだろうとみぃちゃんは思いました。

親子の会話をのぞいてみると…

10章に述べた国際比較調査の結果、しつけの仕方はPISA型学力テストの成績に影響するという結果でした。幼児期に共有型しつけを受けた子どもは小学校で受けたPISA型テストの成績が高くなりますが、強制型しつけを受けた子どもは成績が低くなるということが明らかになったのです。では、共有型しつけと強制型しつけとでは、親子のコミュニケーション場面に一体どんなちがいがあるのでしょうか?

首都圏の家庭から、年収900万円以上の高所得層で、母親が大学や大学院を修了した高学歴の専業主婦の家庭を200世帯選び出し、しつけ調査をおこないました。家庭の環境はよく似ているのに、しつけスタイルだけが「共有型しつけ」と「強制型しつけ」と異なる30組ずつ合計60組の家庭を選びました。

こうして選び出した60家庭を訪問して、パズルを解く場面や絵本の読み聞かせの場面での親子のやり取りや会話を観察させていただきました。その結果、共有型と強制型ではことばかけがまったくちがっていました。

共有型しつけをしている親は「洗練コード」と呼ばれる話し方をしていることがわかりました。一方強制型しつけをしている親は「制限コード」と呼ばれる話し方になります。

たとえば、絵本を読んでいる途中で電話がかかってきた場合を考えてみましょう。共有型しつけの親は「あ、電話がかかってきた。ごめんね。ちょっと待っててね」と子どもに頼み、てみじかに電話を終えて「お待ちどおさま。待っててくれてありがとうね。続きを読もうね」と言って、子どもをひざに乗せ、語りかけるように抑揚をつけて読み上げます。

それに対して、強制型しつけの親は、このような場面で、「静かにして!」とだけ命令し自分が電話で話すのを優先します。電話の相手と好きなだけおしゃべりした後、絵本を自分の正面におき、一本調子で読み上げます。子どもがわきから絵本のページをのぞきこむような読み聞かせ方でした。

共有型しつけの母親たちは、子ども自身に考える時間を与え、共感的で援助的なサポートをしていました。子どもに敏感で子どもに合わせて柔軟にことばかけを調整しています。特に、「3Hのことばかけ」、すなわち「ほめる」・「はげます」・「(視野を)ひろげる」ことばかけ(愛情深い情緒的サポート)がとても多いのです。母親の態度と呼応するように、子どもはのびのびと楽しそうに遊んでいました。主体的に探索したり、自分でどんどん考え、工夫する姿が見られました。

ふだんから強制型しつけをしている母親は、この観察場面でも、子どもに考える余地を与えず、指示的・トップダウン的な介入をしばしばおこなっていることがわかりました。「ほら、左右同じ色の積み木を並べて」と命令したり、「左右同じ色じゃないと、きれいじゃないわよ」と自分の価値観をおしつけます。わが子に「正解」を出させたくて、「線対称に並べてごらん。ちがう、線対称になるようにって言ってるでしょ？　だめじゃない、ママの言ってること、ちゃんと聞かなくちゃ」と自分の思いを4歳の息子に命令口調でぶつけている親も、ふだんから強制型しつけをしているお母さんでした。

絵本の最後のページでの母親のことばかけのちがいを示しましょう。共有型しつけの親は、子どもが何か話すまで待っています。子どもが最後の場面で、「え？　きつねさん死んじゃったの？」「どうして死んじゃったの？」「かわいそうになあ、あんなにしんせつだったのに」などと悲しそうな声で言うと、共有型しつけの母親は、「そうね。かわいそうにね。どうして死んじゃったんだろうね」と子どもをなぐさめるように共感的なことばを返します。

強制型しつけの母親は、絵本の読み聞かせをした後、絵本をパタンと閉じると、まるでテストをするかのように「今のお話を思い出して、ママに話して」と言ったり、子どもがつっかえると、「ちゃんと聞いていなかったのね。そんなんじゃだめ。『お話の記憶』、テスト（お受験のことでしょう）に出るわよ」などと非難するのです。ほめたりはげましたりといったことはなく、禁止や命令、強制的な指示のことばかけや、「ママが言ったとおりにすればよかったのに。ママの言うこと聞かないからできないじゃない」などといった「勝ち負け」のことばかけがとても多いのです。

このような母親の態度に呼応するように、子どもはおどおどと、母親の指示を待ち、顔色を見ながら、しかも叱られやしないかと緊張している姿が見られたのです。

ビデオをいっしょに分析していた大学院生と私は顔を見合わせ、「かわいそうにね。また叱られた。これじゃあちっとも楽しくないよね」と話しました。

快感情が自尊心を育てる

強制型しつけのもとではどうして子どもは伸びないのでしょうか。社会心理学では、楽しい気分のときには記憶力が高まり、不快なときには記憶力が低下するという結果が出されています。

脳科学でも、強制型しつけのもとでは記憶力が低下するという証拠が見いだされています。大脳辺縁系のストレスを感じる「扁桃体」で緊張や不快を感じると、記憶を司る「海馬」で失敗例がよみがえり、ほかのことを考えられなくなったり、頭が真っ白になってしまうのです。

扁桃体が「おもしろいな、楽しいな」と快感情を感じていると、情報処理の指令を出す

「ワーキングメモリー」に情報伝達物質がどんどん送られて、海馬を活性化します。目の前の情報を記憶貯蔵庫にどんどん蓄えることができるのです。

3章でもお話ししたように、叱られながらやった勉強は身につきませんが、自分から進んで取り組んだ活動や好きな遊びに熱中しているときには、「好きこそものの上手なれ」という状態になり、探求心や知的好奇心がわきます。熱中しやり遂げたという実感がわいて、自尊心が育つのです。この積み重ねが小学校以降の学びにも影響して、結果として子どもの学力、それもその場しのぎの暗記能力ではなく、将来の生きる力につながるような「創造的想像力」（拡散的思考力）が育つのです。これがＰＩＳＡ調査やＴＩＭＭＳ調査、学力テストの文章題で力を発揮する「学力基盤力」となるのです。

幼児期のしつけは学力まで左右する

幼児期に語彙が豊かだった子どもはＰＩＳＡ型読解力の成績が高いということ、それから、指先が器用な――幼稚園や保育所でよく造形活動をおこなっていた――子どもは、1年生になってからのＰＩＳＡ型読解力の成績が高くなりました。また、幼児期に共有型しつけを受けていた子ども、自由保育で育った子どもの学力も高くなりました。韓国もまったく同じ結果でした。

これは、経済的な事情に関わらず、しつけスタイルやどういう保育形態の園（幼稚園か保育園かに関係なく）を選ぶかで変わることを意味しますから、とても希望のもてる結果でした。

幼児期の「遊び」は大人のように仕事という概念に対立するものではなく、主体的に活動することを意味しています。主体的におもしろがって遊ぶとき、頭は活発に働いてくれます。遊びを通して子どもはいろいろ吸収しているのですね。

文部科学省の幼稚園課の「幼稚園卒の子どもの成績が高い」という発表を受けて私のところに取材に来られた四紙のうち、読売新聞が私のコメント、すなわち「幼稚園、保育所の保育の質のちがいは小学校6年生、中学校3年生までも続くとは考えづらい、世帯の所得格差、しつけスタイル、家庭での親子の関わり方のちがいが、学力格差につながっているのではないか」というコメントを掲載してくれました（2010年7月28日朝刊）。

家庭の収入は世代を超えて平行移動しますし、しつけスタイルも親が変えないかぎり続くでしょうから、学力格差につながっていきます。先に述べたように、乳幼児期に、大人が子どもの主体性や内発性をいかに大事にして関わるか否かが、将来の学力の差をもたらす原因になっていることが確認できたことは大きな福音ではないでしょうか。

どの子も伸びる共有型しつけのススメ

調査によって幼児期の親のしつけは小学校の学力テストに影響することが明らかにされました。では、それ以降はどうなのでしょう。まさか、大人になるまで影響は続かないだろうと考えてはいましたが、気になって仕方がありません。乳幼児期のしつけの影響力を成人で調べてみたいと思いました。

そこで、2013年に、23〜28歳までの成人の息子や娘を2〜3人育てた家庭2000世帯を抽出して、親は子どもが乳幼児期〜児童期に何に配慮して子育てしたかについて、「ウェブ調査」（インターネットを活用した調査で親に回答してもらう）をしてみました。

すると興味深い結果が明らかになりました。受験偏差値68以上の難関大学・学部を卒業して難関試験（司法試験や国家公務員試験、調査官試験、医師国家試験など）を突破したお子さんをもつ親は、就学前の幼児期に、「子どもといっしょに遊び、子どもの趣味や好きなことに集中して取り組ませた」と答えました。また絵本の読み聞かせも十分におこなっていたことも明らかになりました（図11-1）。

また、どんなふうに親は子どもに接していたかをたずねると、子どもとのふれあいを大切にし、親子で楽しい経験を共有する「共有型しつけ」をした親が多かったのです（図11-2）。

では、どうして乳幼児期のしつけが、大人になるまで影響を与えたのでしょうか。

親が子どもの自発性・内発性を大事にしていて、子どもが熱中して遊ぶのを認め、「おもしろそうだね」と共感してくれるということは、子どもにとって、何よりの安心になります。大好きな親にほめられるとうれしいし、達成感も倍加します。小さな成功経験を重ねながら自信もわいてきます。難題をつきつけられても、「きっと自分は解決できる」という気持ちになり、挑戦力もわいてきます。こうして大人になるまで、自分で目標にしたことを自力で達成する経験を積み重ねた結果が、難関試験を突破する力に育っていったのでしょう。

以上をまとめますと、幼児期の語彙能力と手先の器用さは、小学校の国語学力に影響すること、さらに共有型しつけスタイルは語彙得点や国語学力の成績に因果的に影響していることがはっきりしました。

夫の学歴や家庭の収入は、母親ひとりの力ではどうにもなりませんが、しつけスタイルは自分でコントロールすることができます。どのような保育を実践している園かも親が選ぶことができます。

ですから、教育社会学者が主張した「学力格差は経済格差を反映している」というのは、見かけの関連（相関関係）です。経済格差が真の原因ではないのです。高所得層の家庭では、

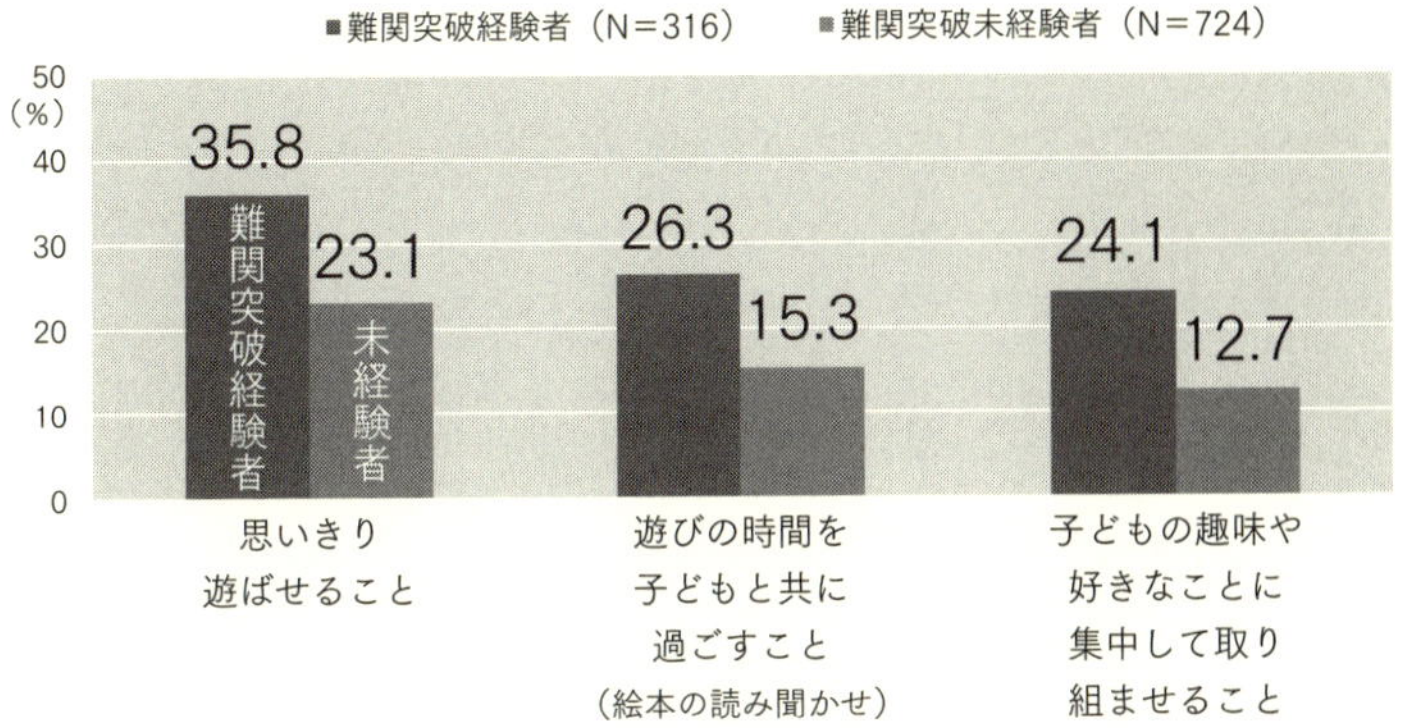

図 11-1　小学校就学前に意識的に取り組んでいたこと

（内田、2014 より）

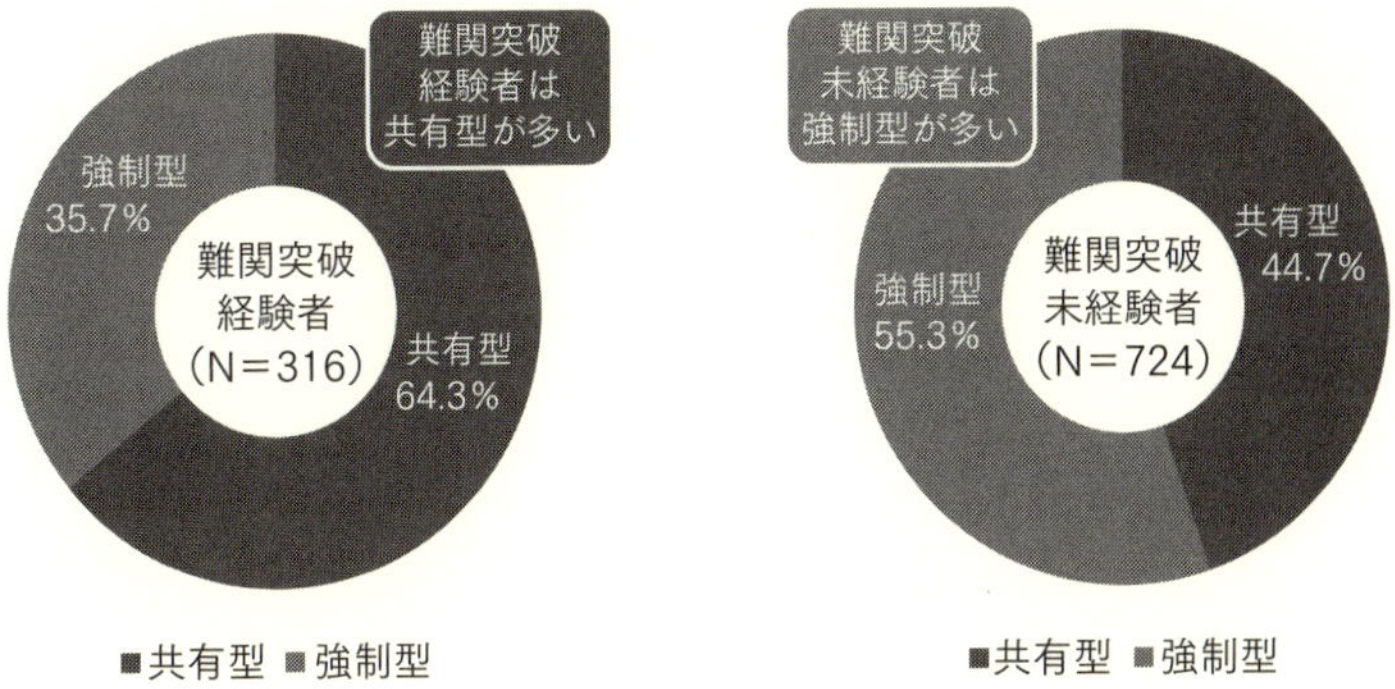

図 11-2　子育てスタイルの傾向（共有型／強制型）

（内田、2014 より）

団欒《だんらん》の時間が多く、文化資源が豊かで、蔵書数も多いのです。親子で旅行に出かけたり、美術館や博物館に出かけるなど、子どもの体験を豊かにする機会も多くなっています。そういった家庭では親は子どもの主体性を大事にし、子どもを、人格をもった存在として敬意を払い、子どもの主体性を尊重する「共有型しつけ」になることも多いのでしょう。先述の調査でも、何よりも「子どもが好きそうなことを考えた」「子どもと会話するのが楽しかった」と答える人が多数いました。この親たちは子どもがやることをおもしろがって見ていました。自由記述欄には「子育ては楽しい」「子どもといっしょにいるのは幸せだ」などとあり、子育てを楽しんだという特徴が見られました。

文科省のコメントにあるような、幼稚園か保育園か、などの保育の質が小中学校の学力を規定するのではなく、世帯収入やしつけスタイル、家庭の雰囲気が小中学校までも持続し、学力・基盤力の語彙の豊かさに影響を及ぼしているのではないかと思われます。

親の子どもへの関わりかたは、意識して変えないかぎり、子どもが大人になるまで続くでしょう。そういった関わりを通して、子どもは生き方を学び、考える力や創造的想像力を育んでいくのです。

2016年8月26日、2020年からの教育指導要領の改訂の基本方針が発表されました。日本はこれまで暗記能力を育てる教育に取り組んできましたが、学びの質を改善するために、

「何を学ぶか」から「どのように学ぶか」に力点がおかれる、子どもたちが主体的・能動的に授業に参加できるように「アクティブ・ラーニング」が目玉になるのです（その後、「アクティブ・ラーニング」は「主体的で対話的な深い学び」と言い換えられるようになりました）。アクティブ・ラーニングでは教師が一方的に授業をするのではなく、児童や生徒との対話型の授業へと切り換えていくことになります。この発表は、自由保育（子ども中心の保育）を実践している幼稚園や保育園にとって自分たちの保育実践を保証してくれるものとなりました。自由保育実践園では、以前から子どもの自由な発想を大事に、子どもが困ったときに保育者が援助するという形での「アクティブ・ラーニング」（自発的・主体的な学び、すなわち「楽習」）に取り組んできたからです。

お母さんもいっしょに大きくなあれ

◎「50の文字を覚えるよりも、100の何だろう？を育てたい」

自分から本当にやろうとしなければ、自分の力にはなりません。子どもも大人も、自分で関心をもったことはあっというまに習得してしまいます。文字は子どもの関心の網の目にたまたま引っ掛かってくるにすぎません。肝心なのは文字が書けるかどうかではなく、文字で表現したくなるような「内面の育ち」があるかどうかであるというふうに思われます。つまり創造的な想像力を育むことが、乳幼児期の発達課題なのです。

ここまでお読みくださったみなさまの中には、「ああ、どうしよう。私、強制型しつけをしていたわ」とあせってしまうお母さんもいらっしゃるかもしれません。でもお母さん、あせる必要はないのです。今から、しつけを変えればよいのです。

わが子の笑顔を眺めてください。何もできなかった赤ちゃんのころ、初めて立ち上がり、2歩、3歩とアンヨできたあの日、ことばを話せるようになった朝のこと、弟が生まれてやきもちを焼いたころのこと、いたずらが見つかったときの恥ずかしそうな表情……いろいろと思い出されるはずです。わが子のすばらしい成長に感動するはずです。

子どもといられる時間はそう長くはありません。子どもといられる今の時間を、楽しんで、わが子といっしょにお母さんも大きくなってください。

最後に、お母さんやお父さん、幼稚園や保育園の先生方など、子どもに関わってくださる大人たちに提案させていただきたいと思います。

第1に、子どもに寄り添い、可愛がり、子どもの「安全基地」になること。

子どもとの間に信頼関係をしっかり作り上げることが大事です。

第2に、その子自身の進歩を認め、ほめること。

ほかの子とは比べないでください。5歳後半すぎになると、どの子も人目を気にしたり人と比べたりするようになるものです。親まで比べる目で見てしまうと、子どもは情けなくなってしまいます。たいていは、親は自分より「できる子ども」や「発達の進んだ子ども」と比べることが多いからです。親はその子自身の進歩を認め、ほめてあげてほしいと思います。

つねに、「3つのH」——ほめる、はげます、（視野を）ひろげる——のことばをかけていただきたいと思います。

第3に、生き字引のように余すところなく定義や回答を与えないこと。

子どもが考える間が待てず、親が先回りして答えや解説をしてしまうと、子どもは答えは与えてもらうものだと思うようになります。自分で考えようとしなくなるのです。

第4に、裁判官のように判決を下さないこと。禁止や命令ではなく提案の形で伝えてほしい。

「何々したら」という提案であれば、「ぼく、したくないよ」と、子ども自身で選択する余地があります。このように、子ども自身が主体的に判断して選べるような余地のあることばをかけていただきたいと思います。

第5に、子ども自身が考え、判断する余地を残すこと。

このような働きかけ、つまり大人が子どもの主体性を大事にした関わり方をすることによって、子ども自身、自分で考えるという自律的思考力や、創造的想像力が育つのです。

親は、子どもが疑問を感じたとき、すぐに回答や解説を与えないでいただきたいと思います。子どもがどんなところにつまずいているのか、どこに疑問を感じて先に進めないのかをよく洞察してください。

お子さんが迷っている点が見つかれば、足場（scaffolding，教育心理学者ブルーナー、J. Bruner, 1981）をかけて、お子さんが一歩踏み出せるようにしてあげてほしいのです。

親は子どもが自分で答えを見つけるまで、あせらずに、じっくり「待ち」、子どもの心の声をしっかり「聴いて」あげてください。そうすれば、子どものつまずきを見抜く「洞察力」が養われます。そして、子どもの考えが進むための「足場」をかけてあげることができるのです。

子どもの質問にすぐに回答を与えず、上手に足場をかけられたときには、4、5歳の幼児でも、まるで科学者がたどるような仮説検証の過程を自力で達成できるのです。渡邊萬次郎さん（昭和38年当時秋田大学の学長・理科教育の専門家）とお孫さんのエピソードをご紹介しましょう。

「これにもお豆がなるの?」

私はかつて幼稚園の二児を近郊に伴った。彼らは「みやこぐさ」の花に注意を引かれたが、その名を問うほかに能がなかった。当時、私どもの菜園には、同じ豆科の「えんどう」の花が咲いていたので、私は名を教えるかわりに、その花を持って帰り、おうちでそれによく似た花を見いだすようにと指導した。彼らが帰宅後、両者の類似を見出したときには、小さいながらも自力に基づく新発見の喜びに燃えた。やがて一人は「みやこぐさ」について、「これにもお豆がなるの?」、とたずねた。それは誰にも教えられない、独創的な質問であった。

私はそれにも答えず、次の日曜に彼らに現場で確かめることを提案した。次の日曜に彼らがそこに小さな「お豆」を見出したとき、そこには自分の推理の当たった喜びがあった。秋がきた。庭には萩の花が咲いた。彼らは萩にも豆のなることを予測した。彼らは過去の経験から、いかなる花に豆がなるかを自主的に知り、その推論を独創的にまだ見ぬ世界に及ぼしたのである。

(高橋金三郎『授業と科学』麦書房、149–150頁、渡邊萬次郎『理科の教育』昭和38年11月号、11頁, 1960より)

祖父は子どもの質問にすぐに答えてしまわず、３つのＨ「ほめる・はげます・（視野を）ひろげる」のことばをかけてあげたのです。足場をかけて、じっくりと待ち、子ども自身がゆっくりと考える時間を与えたのです。

このエピソードのように、子どもが疑問をもち質問したときには、すぐに答えを与えるのではなく、子ども自身に考えさせるように足場をかけてあげてほしいと思います。

どこから足場に登るか、足場に登って、どんな作業をするかを決める主人公は、子ども自身なのですから。

あとがき

２００８年に、私はお母さんの子育てを応援する育児書『子育てに「もう遅い」はありません』（成美堂出版）を出版しました。２０１４年には、その後に得られた研究の成果も含めて、この書の改訂版（冨山房インターナショナル）を出版しました。どちらにも、「子育てに悩むお母さんはご連絡ください」というメッセージとともに私が開設している「ウェッブ子育て相談室」のアドレス（uchida.nobuko@ocha.ac.jp）を掲載しました。

ウェッブ子育て相談室を開設してもう10年経ちました。相談室には、1年間につき平均１００件ほどの相談がメールで寄せられます。母親だけでなく、嫁の子育てに疑問を感じる義母からの相談も入ってくるようになりました。また保護者の対応に戸惑う保育者（幼稚園や保育園の先生方）や塾の先生からも、メールでの相談をいただくようになりました。それらの相談を眺めてみて、今の子育ては、親にとって、ますますたいへんになっていて、子どもの数は減っていても（減っているからこそ）、「失敗は許されない」という切迫感にとらわれて子育てしている人が増えているると感じるようになりました。子育てについてスマホなどで検索し、膨大な情報の矛盾した記述に戸惑ったり、我が子の発達が遅れていると過剰に心配したりする親も多くなっています。もう少し子どもの身になって考えたらいいのにと思うこともたびたびありました。

私が子育てをしていたころ、今から40年以上前のことですが、子育てにはもう少しゆとりがあったように思います。妊娠がわかったとき、私はまっさきに、7センチもある分厚い『スポック博士の育児書』（暮しの手帖社、1966年）と、4・5センチの松田道雄の『育児の百科』（岩波書店、1967年）を購入し、端から読んでみました。発達心理学を専門にしていても、子育てについては皆目見当がつかなかったからです。

『スポック博士の育児書』には「赤ちゃんをベッドに入れ、たとえ、赤ちゃんの泣き声が聞こえても、部屋を出たら戻るな」と書かれていました。しかし松田道雄の『育児の百科』には「抱かれることが赤ちゃんのよろこびだったらそれを与えたい」と正反対の文句が書かれていました。1969年に精神医学の雑誌に発表された、コーディルとヴァインシュタインの日米の子育ての違いについての論文（Caudill, W., & Weinstein, H. (1969) Maternal care and infant behavior in Japan and America. *Psychiatry*, 32, 1; 12-45.）を読んでみて、この記述の違いがどこからくるのかがわかりました。

まず考えられるのは、子ども部屋にベビーベッドを置いて育てる米国の住宅事情と、父母と川の字になって同じ部屋で眠る日本の住宅事情や生活習慣の違いです。しかし、さらに大きいのは日米の子ども観の違いや親子関係についての考え方の違いだと気づきました。子どもの自律性を育むことを第一の目標にしている米国では、子ども部屋に隔離して、赤ちゃんが泣いても部屋には戻らないことが推奨されるのです。赤ちゃんが眠ってしまえば、ベッドに寝かせて、別室で家事をします。

ところが、日本の母親は、いつも子どものそばにいて、赤ちゃんが眠っていても、じっと寝顔をのぞき込んだり、寝ている赤ちゃんの肌着を取り換えたりと世話しているのです。赤ちゃんをおんぶしたり抱っこしたりしながら家事もします。

このことから、子育ては、文化や社会、歴史、家庭の経済状況によっても異なるのだと悟りました。子育てについて知るために手にした日米の育児書を読み比べながら、母が私をどのように育ててくれたかを思い出していました。わが家は私が6歳になったときに父が病気で亡くなり、母子家庭になりましたが、経済的に厳しい生活の中でも、母はいつも私のことを第一に、愛情深く育ててくれました。

私が、娘を授かったとき、私の子育ては育児書ではなく、群馬で助産師をしている母のことばを指針にしようと決めました。私が子育てに迷い困惑して相談するたびに、母は、何よりも子ども中心に、娘が何を望んでいるのか、どうしたいと思っているのか、子どもの身になって考えるようにと、いつも子どもの目線に立つよう、我が子の心の声に耳を傾けるよう、アドバイスしてくれました。

このごろ電車の中で赤ちゃんを連れた若い母親たちに出会うようになりました。同じような年ごろの「ママ友」たちが流行の服に身を包み、赤ちゃんはバギーに乗せて表参道などにウィンドウショッピングに繰り出します。彼女たちは電車の中で楽しそうにおしゃべりし、赤ちゃんがぐずるとスマホを与え、おしゃべりを続けます。赤ちゃんはあきらめたようにスマホを見入り静かになります。スマホのアプリは赤ちゃんの目とこころに決してよいものではないのです。このような母親たちの姿をみると、「こんなふうにスマホに子守をさせているると落ち着かない子になっちゃう。後からいくらお受験塾に行かせても間に合わないのにね」などと、つい、「老婆心」（文字通りですね！）から文句のヒトツも言いたくなるのです。

そんなとき、春秋社の編集者、手島朋子さんから、子育ての本の執筆依頼をいただきました。手島さんは、私がこれまでに書いた育児書だけではなく、発達心理学の入門書や教科書、専門書までもていねいに目を通してくださっていて、「これまでの育児書とは違った子どもの発達の姿を親たちに伝える本、子育てのヒントをもらえるような本を書いていただけないか」とご提案くださいました。手島さんと打ち合わせる中で、子どもの目から見た世界をお母さん方に伝え、子どもについて理解し、子どもに寄り添った子育てを提案しようということになりました。

私がざっと書き上げた草稿を、「第1番目の読者」の手島さんは実に、丁寧に校閲し、とても的確に問題点を指摘し、修正の提案をしてくださいました。本書が読みやすい本になっていたなら、手島さんの適切で丁寧な校閲のおかげです。「第2番目の読者」、装丁家でありイラストレーターでもある河村誠さんは、内容にあわせてとても素敵なカットを描いてくださいました。もし、本書がふと手に取ってみたくなるような本になったとしたら、これらおふたりの優れた「読者」のおかげです。本当にありがとうございました。おふたりに心から感謝申し上げます。

最後に、「3番目の読者」、本書を手に取ってくださったみなさまにお願いしたいと思います。

子どもと過ごせる時間はとても短いものです。子どもは思春期になれば親離れしていきます。子育て中のお父さんお母さん、どうか、お子さんと過ごせる今の時間を大切に。どうか、わが子のこころの声を聴いてあげてください。待つ、見きわめる、急がず、急がせないで。子どもと過ごせる今の時間を大切に、子どもの成長の姿を愛おしみながら、子育てを楽しんでください。

昨年10月から放映されたＮＨＫの朝ドラ（連続テレビ小説）は神戸発の「べっぴんさん」でした。戦中戦後を生き抜き、高度経済成長を支えた女性たちの地道な暮らしぶりを丁寧に描き、時間に追われてめまぐるしい現代の暮らしの中で私たち日本人が何を失ってしまったかを考えさせてくれるドラマです。

３月29日（第１４８回）には、主人公「さくら」の孫娘「あい」が家出してしまい、祖父母や父母たちがあいを探しまわるシーンが放映されました。ひとり、自宅で孫のあいを待つさくらが心配のあまり、居眠りしてしまいます。するとさくらの夢枕に、亡くなったさくらの父母が出てきて、子育てについてしみじみと語りかけます。

父「子育てっちゅうのは、思うようにいかん。きっと思いもよらんことが、たっくさんある。そやけど……だからこそ、おもろいんやで」

母「しんぼうづよく、あいの話をきいてあげて、心の声を、ね」

ああ、そうだった！　このセリフに、私の母のことばが重なりました。夢中で子育てをしたときのことが蘇りました。
このセリフを本書のむすびとし、本書を最後まで読んでくださったみなさまに捧げたいと思います。

平成29年4月5日　子育てを応援するかのように咲きほこる桜が満開の朝に

内田伸子

参考文献（さらに学びたい方のために）

内田伸子『想像力の発達――創造的想像のメカニズム』サイエンス社、１９９０年

内田伸子『発達心理学――ことばの獲得と教育』岩波書店、１９９９年

内田伸子『幼児心理学への招待――子どもの世界づくり［改訂版］』サイエンス社、２００７年

内田伸子（編著）『よくわかる乳幼児心理学』ミネルヴァ書房、２００８年

内田伸子・浜野隆（共編著）『世界の子育て格差――子どもの貧困は超えられるか』金子書房、２０１２年

内田伸子『子育てに「もう遅い」はありません』冨山房インターナショナル、２０１４年

内田伸子『発達の心理――ことばの獲得と学び』サイエンス社、２０１７年

４章のクイズの答え：「ｗｅｂ」

著者紹介

内田伸子（うちだ・のぶこ）

ＩＰＵ・環太平洋大学教授、お茶の水女子大学名誉教授、十文字学園女子大学名誉教授。学術博士。文化功労者。

専門は、発達心理学、認知科学、保育学。

著書に、『発達心理学――ことばの獲得と教育』（岩波書店）、『発達の心理――ことばの獲得と学び』（サイエンス社）、『想像力――生きる力の源をさぐる』（春秋社）、『ＡＩに負けない子育て――ことばは子どもの未来を拓く』（ジアース教育新社）など、他多数。

社会活動に、ベネッセ「こどもちゃれんじ」の監修に立案時から31年以上携わるほか、NHK Eテレ（旧NHK教育テレビ）『おかあさんといっしょ』の番組開発、知育玩具の開発、絵本の監修など。

子どもの見ている世界　誕生から６歳までの「子育て・親育ち」

2017年5月25日　第1刷発行
2025年4月30日　第10刷発行

著者――内田伸子
発行者――小林公二
発行所――株式会社 春秋社
〒101-0021 東京都千代田区外神田 2-18-6
電話 03-3255-9611
振替 00180-6-24861
https://www.shunjusha.co.jp/
印刷・製本――萩原印刷 株式会社
装丁・イラスト―河村 誠

Printed in Japan, Shunjusha.
ISBN978-4-393-37329-3
定価はカバー等に表示してあります

内田伸子
想像力
生きる力の源をさぐる

見えないものを見、あすを思い描き、現実を超える力。知覚、表象の構成、想起、思考、推理……ヒトの認識の背後で働く驚くべき能力のメカニズムを発達心理学の見地から探る。

1980円

D・シューラー／鳥山雅代（訳）
ママのためのシュタイナー教育入門

シュタイナー教育には、子どもだけでなくお母さん自身が元気であるためのヒントがいっぱい。シュタイナー学校の先生が日本のお母さんの悩みに答える子育てサポートブック。

2200円

L・シュタインマン／鳥山雅代（訳）
シュタイナーのこどもの育てかた
おとながこどもにできること

シュタイナー教員養成学校の代表を務めるシュタインマン先生。家ではさぞや立派なパパかと思いきや…知るとちょっと勇気が湧いてくる、子育ての日々を支える15の「できること」。

2090円

V・マクルアー／草間裕子（訳）
インファント・マッサージ **ママの手、だいすき！**
赤ちゃんの心とからだを育むふれあいの知恵

乳児段階での親密なふれあいは子供の一生を決定するほど重要なもの。世界数十カ国で実践されている赤ちゃんマッサージのプログラムをわかりやすく紹介。

2200円

＊価格は税込（10％）。